Opera

Y+

244

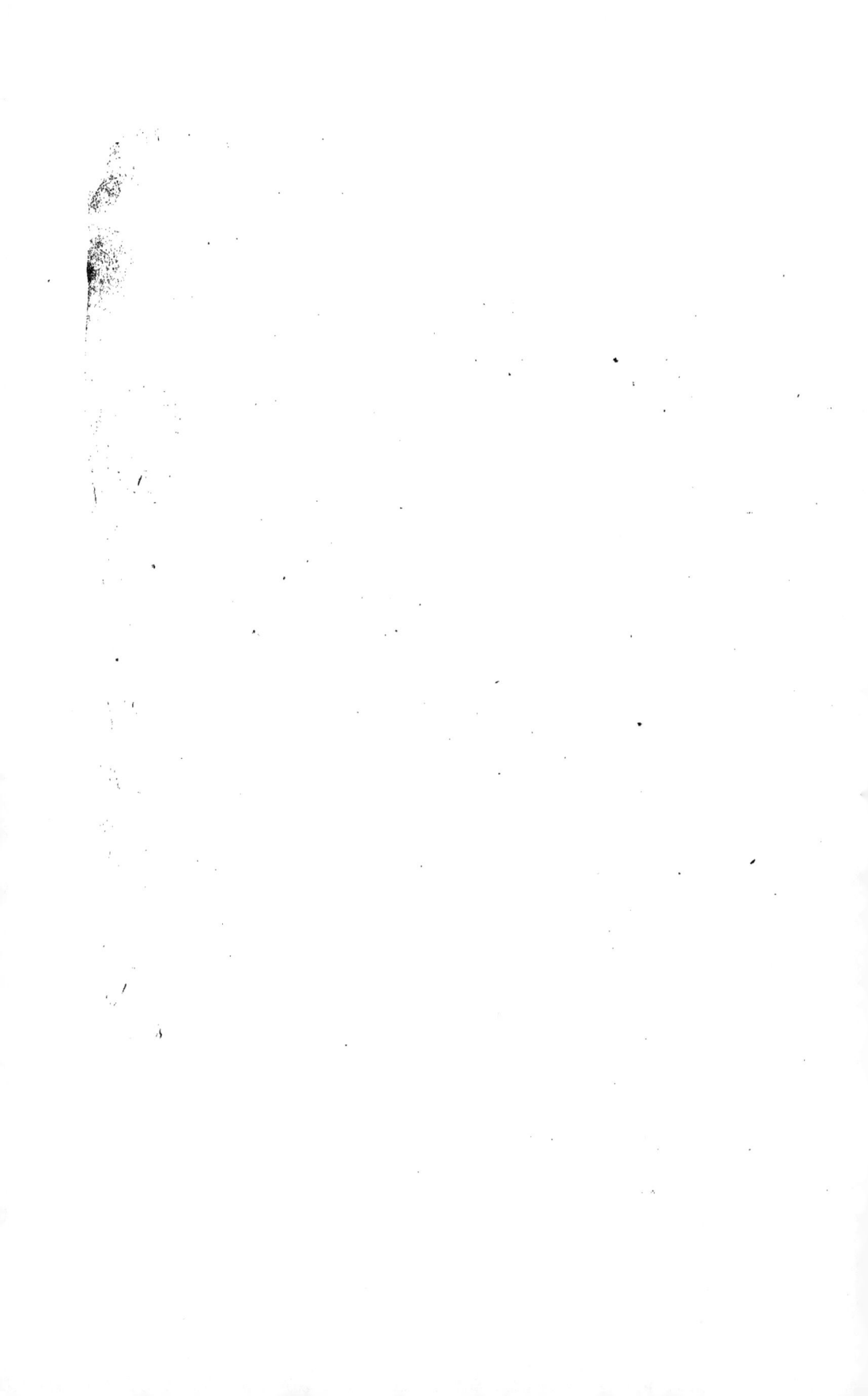

P R É C I S

SUR L'OPÉRA

ET SON ADMINISTRATION,

ET

RÉPONSES A DIFFÉRENTES OBJECTIONS.

AVERTISSEMENT.

L'OBJET que l'on s'est proposé, par le Précis sur l'Opéra, a été, 1°. de faire connoître la forme de l'administration actuelle de l'Académie Royale de Musique, et les raisons qui y ont donné lieu.

2°. De rappeller sommairement une partie de quelques Réglemens et Arrêts du Conseil du Roi, pour assurer la conservation d'un spectacle agréable au public, utile aux arts, au commerce, aux consommations, et conséquemment aux Finances de l'État, par les étrangers qu'il attire dans la Capitale, où ils dépensent, ainsi que sur les routes, chaque année plusieurs millions.

3°. L'on a cru devoir entrer aussi dans quelques détails sur le régime intérieur de l'Opéra, afin de prouver qu'il ne dépend pas toujours de l'administration de donner au public une satisfaction aussi complette qu'elle le desireroit.

4°. L'on a rapporté, dans ce Précis, les opinions et même les plaintes de quelques personnes, et dont la plupart sont consignées dans plusieurs journaux, afin que l'on puisse juger, sans partialité, si ces plaintes sont fondées.

5°. L'on a fait aussi mention de différens projets relatifs à l'entreprise de l'Opéra, et l'on a enfin terminé ce Précis par quelques tableaux.

Le premier présente l'état exact des recettes et dépenses de chaque année, avec le résultat des bénéfices ou des deficit, depuis Pâques 1780, époque où le Roi consentit de réunir l'Opéra à son Domaine, d'après l'avis de M. le Comte de Maurepas, de M. Amelot, Secrétaire d'Etat au département de Paris, et de M. Necker, alors administrateur général des Finances.

Le second tableau présente l'état de comparaison des recettes et dépenses depuis Pâques 1780, jusqu'à Pâques 1788, ce qui mettra à même d'apprécier la régie faite par le directeur, et celle qui a été administrée par les principaux sujets de l'Opéra.

Le troisième tableau comprend l'état du nombre des personnes attachées à l'Académie Royale de Musique, avec leurs appointemens.

Le quatrième fait connoître les différens objets de la recette, qui ont composé précédemment, et doivent composer la recette générale de l'Opéra, pour l'année 1789 à 1790, ainsi que le détail des dépenses ordinaires, et l'appréciation de celles dites extraordinaires, depuis neuf années, sur lesquelles on a tiré une année commune, pour servir de base approximative desdites dépenses, pour l'année actuelle 1789 à 1790.

Le cinquième tableau présente l'état du travail des principaux sujets de l'Opéra, pendant l'année théatrale de Pâques 1788, à Pâques 1789.

Le sixième, l'état des fonds faits par chaque sujet

co-partageant, pour bonifier, aux termes du Réglement, leur sort à leur retraite, et dont l'intérêt leur est payé chaque année.

Le septième est l'état nominatif de toutes les pensions accordées, aux termes des Réglemens, depuis Pâques 1780, jusqu'à Pâques 1789, lesquelles sont à la charge de l'administration actuelle de l'Académie Royale de Musique.

Enfin, un état des ouvrages qui composent, quant à présent, le répertoire de l'Opéra.

Ce travail, qui est de la plus grande exactitude, a été fait principalement pour éclairer les personnes qui sollicitent l'entreprise de l'Opéra, afin de les mettre à même d'asseoir leurs spéculations, plus solidement qu'elles ne l'ont pu faire par tous les renseignemens clandestins qu'elles ont cherché à se procurer, en s'adressant à des fournisseurs et à des subalternes, qui, ne connoissant pas l'ensemble de la machine, ne pouvoient que les égarer dans leurs recherches, et conséquemment dans leurs calculs, sur les gains qu'elles espèrent probablement faire, soit par des économies dans les dépenses, soit par des retranchemens sur les appointemens, et même le renvoi de sujets qu'elles regardent comme inutiles à la sûreté du service public.

L'on se flatte que les personnes qui convoitent l'entreprise de l'Opéra, comme un objet de fortune ou de ressource pour elles, sauront quelque gré de ce travail, qui leur procurera des données certaines

A

pour asseoir leurs fpéculations de la manière la plus avantageuse à leurs intérêts.

Enfin, l'on croit que ce travail (sur la fidélité duquel on peut compter), s'il étoit rendu public, mettroit à même les amateurs de l'Opéra de juger, sans partialité, de tous les projets annoncés dans différens Journaux, et s'il seroit plus utile de conserver le régime de l'administration actuelle de l'Opéra, ou d'abandonner aux hazards d'une entreprise, l'exis tence et la conservation de ce spectacle, unique dans l'Europe, et si agréable au public et aux étrangers. Quoi qu'il en soit, l'on ne pourroit sainement porter ce jugement qu'après la lecture entière du Précis ci-après. On s'y est permis quelques répétitions ; mais l'on a mieux aimé tomber dans ce défaut, que de passer trop légérement sur certains détails essentiels, qu'il est important de rappeller à la mémoire, dans une circonstance où il est question de décider, en dernier ressort, d'un des plus beaux spectacles de la nation.

PRÉCIS

SUR L'OPÉRA ET SON ADMINISTRATION,

Et Réponses à différentes objections.

LE goût des spectacles, et particulièrement celui de l'Opéra, s'est si fortement accrû, depuis quelques années, que tout le monde, c'est-à-dire toutes les personnes un peu riches, y desirent des petites loges à l'année. S'il étoit possible d'aggrandir du double la salle de l'Opéra, on ne pourroit encore satisfaire à toutes les demandes ; mais il y auroit un grand inconvénient à chercher, lorsqu'il sera question de la construction d'une salle nouvelle, à lui donner beaucoup plus d'étendue qu'à celle actuellement existante, parce qu'alors elle seroit disproportionnée à la voix des acteurs, qui est déjà assez couverte par l'orchestre.

A l'égard des petites loges à l'année, l'on se plaint qu'il y en a déja trop, puisqu'à peine en reste-t-il pour le plaisir de l'honnête bourgeoisie, et des personnes qui ne peuvent sacrifier à leur amusement de fortes sommes ; de sorte que l'incertitude de trouver des places, leur a fait, pour ainsi dire, renoncer aux trois théâtres principaux, pour les spectacles du second et du troisième ordre, où ils sont plus sûrs de trouver des places, d'où il s'ensuit qu'il seroit injuste de priver le public d'un plaisir que souvent les trois spectacles royaux ne peuvent lui procurer. Beaucoup de personnes pensent aussi que la multiplicité des petites

A 2

loges nuit aux talens, en ce que les Acteurs, assurés d'une
recette certaine , font moins d'efforts pour se rendre
agréables au public. Cette assertion n'est pas sans replique,
puisqu'il est vrai de dire que les Comédiens, quoique assurés
d'un revenu certain , par la recette des Petites Loges ,
doivent chercher encore à l'augmenter le plus possible, par
leurs travaux. Au reste, le reproche que l'on leur fait à cet
égard , ne peut s'appliquer à l'Opéra ; les Acteurs et Actrices
des deux Comédies étant entrepreneurs de leurs spectacles,
ils ont tous grand intérêt de faire valoir leur entreprise ;
ceux de l'Opéra sont seulement pensionnaires de l'Académie
Royale de Musique , et ont des appointemens fixés par les
Réglemens du Roi, et proportionnés à leurs talens. Ils se
plaignent , il est vrai , que leur traitement est au-dessous
de ce que les Comédiens reçoivent de leurs parts ; mais ils
ne font pas attention que les Acteurs et les Actrices ,
sur-tout de la Comédie Françoise , sont obligés à des
dépenses personnelles très-considérables , pour monter et
entretenir une garde-robe immense dans tous les costumes ;
que leurs frais journaliers, lorsqu'ils jouent, sont au compte
particulier de chacun. D'où il résulte que les premiers sujets,
qui jouent les rôles les plus importans et les plus fatigans ,
se trouvent forcément endettés de 60 à 80000 livres, avant
d'être parvenus à la jouissance d'une part entière, à laquelle
ils n'arrivent souvent qu'après dix ans d'un travail considérable, et qu'alors ils ne peuvent s'acquitter même que len-
tement, sur la jouissance de leur part entière, étant souvent
obligés de faire de nouvelles dépenses pour l'entretien,
le renouvellement et l'augmentation de leur garde-robe, par
de nouveaux costumes, qui s'introduisent suivant le genre

des rôles dont ils sont chargés. Les sujets de l'Académie Royale de Musique n'ont au contraire aucune espèce de dépenses à faire, puisque l'Opéra leur fournit absolument tout ce qui leur est nécessaire, non-seulement pour leur habillement, chaussure, et coëffure, mais encore feu, lumière dans leurs loges, &c. Ainsi, un premïer Acteur aux appointemens de 9000 liv., indépendamment de la rétribution de la capitation, est au moins aussi à son aise qu'un premier sujet de la Comédie Françoise. Il a en outre l'avantage d'être appointé ordinairement de 1500 liv., pour la musique du Roi, et il peut, s'il le veut, ajouter encore à son sort deux ou trois mille livres du concert spirituel, indépendamment de ce qu'il peut se procurer, par l'exercice de son talent dans les concerts particuliers, avantages que n'ont pas les sujets de la Comédie Françoise, lesquels étant, ainsi que l'on vient de le dire, entrepreneurs, sont dans le cas, non-seulement d'éprouver des diminutions quelquefois considérables dans leurs revenus, mais encore d'emprunter pour faire face aux différentes dépenses de construction, entretien de théâtre, décorations, payement du quart des pauvres, de leurs gagistes, &c. Aussi l'une et l'autre Comédie ont-elles des dettes considérables; mais l'exactitude de leurs payemens les fait jouir d'un crédit qui les met en état de subvenir à tout. Il n'en est pas moins vrai que les fonds qu'ils sont obligés de faire dans la société, sont engagés dans l'entreprise et en répondent. Ainsi l'existence et le revenu annuel d'un Comédien dépendent uniquement de son talent et des efforts qu'il fait pour satisfaire le public; encore est-il souvent le jouet des circonstances, soit par des clôtures forcées, soit par la chûte de plusieurs pièces, pour lesquelles il a fait de nouveaux frais en habits, soit par l'intempérie des saisons, soit enfin par des maladies de plusieurs de ses camarades, qui privent le théâtre de pièces à ressource. Tous ces événemens ne peuvent rien sur le sort des sujets attachés à l'Opéra. N'étant point entrepreneurs, ils ne risquent rien ; cependant ils peuvent, ainsi qu'il sera dit ci-après, bonifier leur état, en partageant dans les bénéfices qui pourroient résulter d'un travail assidu de leur part.

Cette introduction a paru nécessaire, avant d'entrer dans un détail plus particulier, sur ce qui concerne l'Opéra. Comme l'objet de ce mémoire est de mettre à même le public de juger de ce spectacle, de son administration, de connoître si son existence est utile et même nécessaire dans la capitale, enfin si les sujets qui y sont admis doivent être indépendans et libres (contre la teneur des réglemens et des engagemens qu'ils ont contractés), de pouvoir priver, par des absences, le public de Paris de la jouissance de leurs talens, pour les porter, soit dans les pays étrangers, soit sur les théâtres des provinces, sans considérer que c'est pour assurer la jouissance de ce spectacle à la ville de Paris, que le Roi a bien voulu se charger seul du risque des déficit d'une aussi grande entreprise.

On va se borner à faire simplement le rapport des faits, d'après lesquels l'on pourra juger sans partialité ; mais avant tout il paroît nécessaire de faire connoître les plaintes que l'on forme contre l'Opéra, et sur-tout celles que fait la majeure partie des locataires des Petites Loges.

On accuse l'administration de ce spectacle, 1°. de ne

pas obliger les premiers sujets à jouer plus souvent ; 2°. de leur accorder des congés ; 3°. de donner trop long-temps les mêmes ouvrages.

On répondra ci-après à ces trois chefs d'accusation , par la citation seule des réglemens , et par l'exposé des causes qui ont empêché de satisfaire entièrement le public à certains égards.

Établissement de l'Opéra en France , et ses suites.

Le spectacle de l'Opéra ayant été établi en France , en 1669 , Louis XIV aida ce nouveau genre de spectacle avec une munificence vraiment royale , dans l'espérance que la réunion de tous les arts et de tous les talens qui le composent exciteroit la curiosité des étrangers ; espérance qui n'a pas été vaine , puisqu'aujourd'hui l'Opéra en attire seul la majeure partie dans la capitale, et les y fixe souvent pendant un temps plus considérable qu'ils ne l'avoient d'abord projetté , et ce , au profit du commerce , des arts , des consommations , et conséquemment à l'avantage des Finances de l'Etat.

Louis XIV honora ce spectacle du titre d'Académie Royale de Musique , avec des priviléges exclusifs , * confirmés plusieurs fois par différentes Lettres-Patentes enregistrées au Parlement , Arrêts et Réglemens. Le feu Roi accorda

* Lorsque l'Académie a voulu faire valoir ses priviléges , les Gouverneurs et Commandans des Villes et Provinces y ont toujours mis les plus grandes oppositions.

la même protection à cette Académie, ainsi qu'il est prouvé par un grand nombre d'Arrêts et Réglemens faits en faveur de ce spectacle.

Le feu Roi ayant reconnu que presque toutes les entreprises particulières de l'Opéra, depuis son établissement, en 1669, avoient été également malheureuses, se détermina en 1749, pour conserver ce spectacle essentiel dans sa capitale, à en confier l'administration au bureau de la ville de Paris, lequel fut autorisé à emprunter 250000 liv. à titre de constitution de rente viagère pour payer les dettes de la précédente entreprise. Le bureau de la Ville, malgré tous ses soins, & les différens essais qu'il a tentés, soit en faisant régir ce spectacle, soit en le donnant à entreprise, a éprouvé à son tour, successivement, des pertes énormes chaque année, et notamment une de 700000 liv. sur les deux seules années 1778 et 1779, ce qui détermina enfin M. le Comte de Maurepas, M. Amelot et M. Necker, en 1780, à proposer au Roi de réunir ce spectacle à son Domaine, ce que Sa Majesté agréa.

Extrait de l'Arrêt du Conseil d'Etat du Roi, du 17 mars 1780.

« Le Roi s'étant fait représenter le résultat des comptes
» de l'Académie Royale de Musique, depuis que le privilège
» et l'administration en ont été rendus au corps de sa
» bonne ville de Paris, Sa Majesté a vu, avec peine,
» que la dépense excédoit de beaucoup la recette. . . . .
» Sa Majesté a desiré qu'on s'occupât des moyens d'éta-
» blir cette balance, sans nuire cependant par une économie
» mal entendue à l'éclat d'un spectacle, qui, en contribuant

à

» à l'embellissement et aux plaisirs de la capitale, y attire
» les étrangers, et dont le succès intéresse encore le pro-
» grès des arts et la perfection du goût et de l'industrie.

» C'est pour remplir les vues de Sa Majesté qu'il lui a
» été proposé un plan pour réunir le service et les dépenses
» de la Cour avec le service de l'Opéra ; ce qui, en évitant
» un double emploi dispendieux d'habits, de décorations et
» de magasins, procureroit une économie (*) très-sensible
» dès-à-présent, et une plus considérable encore à l'avenir,
» par les arrangemens d'ordre qui seront l'effet de ces
» premières dispositions.

» Sa Majesté pourvoira, des fonds des ses Menus
» Plaisirs, aux dépenses des Spectacles de la Cour, soit
» par un abonnement, soit de toute autre manière qui
» sera jugée plus équitable, &c. . . .

» La réunion du service des Spectacles de la Cour à
» celui de l'Opéra exigeant une nouvelle forme d'admi-
» nistration, dont la ville de Paris ne peut être chargée,
» le Roi a senti la nécessité de retirer de ses mains le
» privilège qu'elle exerçoit : en même temps Sa Majesté
» n'a pas cru devoir le céder à aucun particulier par forme
» d'entreprise, non seulement à cause des embarras et des
» difficultés que ce genre de manutention a fait naître,
» lorsqu'en différens temps on en a fait l'épreuve, mais

_____

(*) C'est ce qui est en effet arrivé. Lorsqu'on a voulu à la Cour
des Opéras donnés à Paris, alors l'on s'est servi des habits de
l'Académie ; de même lorsqu'on a donné à la Cour des ouvrages
nouveaux, les habits faits à cette occasion ont servi à Paris.

B

» encore parce que la liberté d'employer à l'usage de
» l'Opéra les habits et les décorations des fonds des
» Menus-Plaisirs, donneroit à l'entrepreneur un avantage
» momentané très-considérable, et dont la compensation
» seroit difficile à fixer et à répartir avec sûreté sur toutes
» les années du bail. Mais Sa Majesté, en renonçant à la
» forme d'entreprise, a approuvé les vues qui lui ont été
» présentées pour associer aux succès et aux bénéfices d'une
» administration nouvelle le Directeur et les principaux
» sujets de l'Académie Royale de Musique, afin d'exciter
» ainsi de plus en plus leur zèle et leur activité.

» Enfin Sa Majesté, en maintenant le Secrétaire d'Etat
» chargé du département de Paris, dans toute l'autorité qu'il
» a constamment exercée sur cette Académie, a déterminé
» que les comptes de recette et de dépense de l'Opéra de
» Paris seroient communiqués et remis, par *duplicata*, à
» l'administrateur général de ses finances. A quoi voulant
» pourvoir, ouï le rapport, le Roi, étant en son Conseil,
» a ordonné et ordonne ce qui suit, &c.

En conséquence dudit arrêt, le Roi, par l'article V,
nomma pour Directeur-Général de l'Académie, le sieur le
Berton, pour la gouverner avec pleine et entière autorité,
sous les ordres du Secrétaire d'Etat chargé du département
de Paris, et sous l'inspection de la personne qu'il choisiroit
pour le représenter; autorisant, Sa Majesté, le Secrétaire
d'Etat, par l'article X dudit arrêt, à lui présenter les
nouveaux statuts et réglemens qu'il jugeroit nécessaires
pour l'administration de ladite Académie, auxquels, après
qu'ils auroient été approuvés par Sa Majesté, les Directeur,
Compositeurs, Acteurs et autres employés seroient tenus

de se conformer. « Voulant en outre Sa Majesté que dans
» tous les cas qui n'auroient pas été prévus, la décision
» du Secrétaire d'Etat, et les ordres provisoires de son
» Représentant soient exécutés comme s'ils étoient émanés
» de sa propre personne.

Enfin, par l'article XI et dernier dudit arrêt : Veut Sa
Majesté que tous les états de recette et de dépense soient
communiqués et remis, par *duplicata*, au Ministre de ses
finances, ainsi que le compte général fait tous les ans à
la clôture du Théatre ; ce qui a été exécuté (*).

D'après ces dispositions, il fut fait, d'accord avec le
Directeur et les principaux sujets de l'Académie Royale
de Musique, de nouveaux réglemens pour rétablir l'ordre
dans les dépenses de l'Opéra, ainsi que la subordination,
(sans laquelle un pareil Spectacle ne peut long-temps
exister). On fit en sorte de ne rien oublier de tout ce
qui pouvoit contribuer au soutien de l'Opéra, à le
rendre agréable au public, et bonifier en même-temps le
sort des sujets. Ce réglement, fait ainsi de concert avec
les principaux sujets, fut signé de tous ceux de l'Académie

_____

(*). Tous les mois, le compte général de la recette & dépense est
arrêté d'après le réglement des mémoires, & rendu à l'assemblée
générale des sujets co-partageants, afin qu'ils puissent, s'ils le jugent
à propos, les discuter d'après les pièces justificatives. De la totalité de
ces comptes de mois, qui font connoître la situation effective, soit en
actif, soit en passif, l'on forme le compte général à la fin de l'année,
dont un tableau est destiné pour le Roi, un pour le Ministre de
la maison de Sa Majesté, et un pour le Ministre des finances ; chaque
tableau comprend les motifs du déficit, si le cas y échoit.

ayant part aux bénéfices, et remis au Ministre, pour le faire approuver par le Roi. On avoit lieu de s'attendre, d'après ces précautions, que les choses iroient au mieux; mais à peine un mois s'étoit-il écoulé, que la mésintelligence se mit entre le Directeur et quelques sujets du Comité; ils chercherent à contrecarrer ses opérations et ses arrangemens, pour la sureté du service et le soutien des réglemens. Il étoit sur le point de solliciter sa retraite, lorsqu'une maladie grave, qui se joignit aux chagrins qu'il éprouvoit, termina ses jours à la fleur de son âge, et après avoir donné des preuves d'un talent distingué, tant comme compositeur que comme bon administrateur.

L'Opéra ne pouvant rester sans chef, le Roi nomma à la place du Directeur de l'Académie Royale de Musique, le sieur Dauvergne, l'un des surintendans de sa Musique; son âge, ses talens, sa réputation et sa probité reconnue le firent recevoir avec acclamation par les sujets. Il entra en exercice au mois de juin, et dès cette première année de la nouvelle administration, les sujets admis aux bénéfices, par l'arrêt de 1780, et par le réglement, partagèrent entr'eux un excédent de 38,000 liv. qui se trouva dans la caisse de l'Académie, toutes dépenses payées.

Il y avoit lieu de croire que les années suivantes ne seroient pas moins heureuses; mais ces espérances se sont évanouies par le funeste événement de l'incendie de l'Opéra, en 1781, l'Académie ayant perdu plus de deux mille habits, presque toutes ses décorations, meubles, instrumens, machines et accessoires.

L'Académie Royale de Musique se ressent encore de ce malheur, proportionnellement aux remplacemens que l'on est obligé de faire en décorations, habits et machines indispensables pour les Opéras nouveaux ou remis au Théâtre. Cependant comme ces remplacemens ne se sont faits que successivement, peut-être les *déficit* eussent été moins considérables, si la bonne intelligence eût pu se maintenir entre le Directeur de l'Opéra et les premiers sujets; mais bientôt ces derniers voulant traiter d'égal à égal avec le Directeur, trouvèrent mauvais qu'il se crût en droit de vouloir qu'ils se conformâssent avec exactitude aux réglemens qu'eux-mêmes avoient proposés et signés, et qui avoient été sanctionnés par le Roi. Ce fut en vain que le Ministre chercha à ramener la subordination; et le sieur Dauvergne se regardant alors comme inutile dans une administration aussi orageuse, supplia le Ministre de trouver bon qu'il se retirât à Pâques 1782. Le déficit de l'année 1781 à 1782, par suite de l'incendie, fut d'environ 49,000 liv.

M. Amelot crut devoir se prêter au desir que les premiers sujets lui témoignèrent de faire l'essai de se conduire par eux-mêmes et suivant les réglemens, le tout sous l'inspection de son Représentant, auquel ils rendroient un compte exact de leur manutention, lui faisant espérer qu'ils forceroient les recettes par un travail plus assidu et une bonne volonté, dont le public auroit lieu d'être satisfait. Le Ministre ayant consenti à cet essai, le comité des principaux sujets se partagea les différentes branches d'administration, et nomma le Secrétaire de l'Académie, pour rendre un compte exact de toutes les opérations au Représentant du Ministre; mais bientôt les sujets se dégoûtèrent du travail que leur occasionnoit la suite des détails particuliers dont ils s'étoient chargés, et donnèrent toute leur confiance au Secrétaire de l'Académie, qui devint par-là un vrai Directeur, lequel leur étoit d'autant plus agréable qu'il n'avoit pas un pouvoir suffisant pour les contraindre à jouer lorsqu'ils ne le vouloient point. Le déficit de cette année 1782 à 1783 fut d'environ 54,000 liv., quoique le produit des Petites Loges louées à l'année fut augmenté d'environ 50,000 liv. Il est vrai que l'état des appointemens des sujets fut aussi augmenté pour ladite année d'environ 24,000 liv. ; que les honoraires des Auteurs furent plus considérables que l'année précédente, ainsi que l'état des nouvelles pensions aux Acteurs retirés.

L'année 1783 à 1784, également sous l'administration des premiers sujets, ou pour mieux dire, sous celle du Secrétaire de l'Académie, fut encore plus désastreuse, puisque le déficit à Pâques 1784, fut d'environ 140,000 liv.

Ce fut dans cette année, que la première Actrice de l'Opéra, sentant l'utilité dont elle étoit devenue, par la mort de la demoiselle la Guerre, exigea qu'il lui fût fait un traitement particulier de 9000 liv. pendant l'espace de huit années, et un congé de deux mois, par chaque année, pour aller jouer où elle voudroit en province, renonçant par ce moyen à tous les bénéfices, si le cas y échoit ; ainsi elle se sépara par-là de l'intérêt général. Il fallut bien souscrire à ces dures conditions, et l'on verra ci-après quelles furent les conséquences d'une pareille condescendance.

M. le Baron de Breteuil s'étant fait rendre compte, à son avénement au Ministère, des raisons qui avoient déterminé la réunion de l'Opéra au domaine du Roi, y applaudit d'autant plus, qu'il n'avoit cessé de reconnoître par lui-même, dans ses différentes ambassades, combien ce Spectacle excitoit l'envie et la curiosité des étrangers ; ainsi, bien persuadé que l'on ne devoit rien négliger, même politiquement, pour entretenir ce sentiment de curiosité, dont le résultat ne pouvoit qu'être utile aux arts et au commerce; et conséquemment aux finances de l'Etat, et entrant dans les vues de M. Necker, il proposa à Sa Majesté tous les moyens qui pouvoient contribuer le plus efficacement au soutien de l'Académie Royale de Musique, et donner à ce Spectacle, si intéressant pour le public, tout le degré de perfection possible, en établissant une Ecole où l'on pût former des sujets ; en excitant l'émulation des Compositeurs par des prix, et enfin en encourageant le zèle des principaux sujets de l'Académie Royale, par une augmentation de traitement.

Sa Majesté ayant agréé ces différens moyens, pour assurer à sa capitale la jouissance de ce Spectacle, unique en Europe, et persuadée que ses finances seroient plus que dédommagées, par le concours des étrangers en France, des avances qu'Elle pourroit faire pour le soutien de l'Opéra, elle établit, par arrêt de son Conseil d'Etat du 3 janvier 1784, une Ecole Royale de chant, (*) de composition, de déclamation, de danse, d'histoire et de mythologie

---

(*) Les écoles ont procuré plusieurs sujets distingués, qui feront peut-être le sort de l'Opéra à l'avenir, et que l'on n'auroit point eûs sans cet utile établissement, les Spectacles de province pouvant à peine se soutenir par les sujets qu'ils se procurent avec beaucoup de peine et dont ils manquent souvent.

relatives à l'art dramatique, &c. et en confia le soin à d'habiles Professeurs ; de plus elle fonda des prix d'émulation pour les Auteurs lyriques, et attribua à des personnes éclairées de l'Académie Françoise et autres, le jugement des poëmes qui seroient présentés. Enfin le Roi se prêtant aux desirs des sujets de son Académie de Musique, pour la suppression des feux, (*) permit que leurs appointemens fussent presque doublés à la rentrée du théâtre en 1784, c'est-à-dire, portés pour les premiers sujets du chant à 9000 liv., ceux de la danse à 7000 liv., ceux des remplacemens et des doubles dans une même proportion.

Cet arrêt fut suivi d'un autre en date du 13 mars 1784,

(*) En 1776, il fut accordé aux premiers sujets du chant une rétribution de 50 liv. chaque fois qu'ils chantoient, une de 33 liv. aux premiers sujets de la danse, et ainsi proportionnellement à leurs remplacemens. Mais il en est résulté que les premiers sujets jouant toujours pour multiplier leurs feux, les Remplacemens ne pouvoient plus jouer ni se former. On a senti le vice de cet arrangement, & alors on a cru devoir exciter d'une autre manière le zèle des premiers sujets du chant, fixant leur sort à 9000 liv., et celui des premiers sujets de la danse à 7000 liv., et les Remplacemens et Doubles en proportion ; mais le but qu'on s'étoit proposé, loin d'avoir son effet, en a produit un tout contraire ; les premiers sujets, dès lors assurés de leur sort, se sont dispensés, à l'envi les uns des autres, de remplir leur service sous différens prétextes. Le public s'en est plaint et avec raison. Les ouvrages nouveaux ont été souvent abandonnés même aux Doubles, au grand mécontentement des auteurs; l'on vient encore de tenter un nouveau moyen pour parer à ces inconvéniens.

dont

dont le dispositif est que « Sa Majesté s'étant fait représenter
» les différens réglemens concernant l'Académie Royale
» de Musique, et faits en vertu des Lettres-Patentes et arrêts
» rendus par Louis XIV et par le feu Roi, ainsi que ceux
» émanés du conseil de Sa Majesté, et la forme actuelle
» de l'administration de l'Académie étant différente de ce
» qu'elle étoit par le passé, Elle a jugé qu'il seroit con-
» venable de réunir en une seule et même loi, les dispositions
» de tous les anciens réglemens, et d'y ajouter ce qu'exige
» l'administration actuelle de l'Académie ; de sorte que
» chacun des sujets, préposés et autres employés de ladite
» Académie, puissent connoître leurs devoirs et obligations,
» tant à l'égard du service public qu'à l'égard du service
» intérieur de l'Académie. »

Le Roi confirme au surplus, dans ledit arrêt, tous les
droits, prérogatives, et privilèges qu'il a plu aux Rois, ses
prédécesseurs, d'accorder à l'Académie Royale de Musique,
par les différentes Lettres-Patentes enrégistrées en la Cour
du Parlement, arrêts du Conseil, &c.

Ledit arrêt ne laisse rien à desirer pour l'établissement
de la meilleure administration possible de l'Académie. Tous
-les devoirs & fonctions de toutes les personnes attachées
à l'Opéra, ainsi que ce qui concerne les Auteurs & Compositeurs, & leurs intérêts y sont rappellés de la manière
la plus précise & la plus claire.

Quoique le déficit de l'année 1783 à Pâques 1784, se
trouvât, ainsi qu'il est dit ci-devant, de 140,000 liv., le
Ministre espérant que les nouveaux arrangemens qu'il venoit
de prendre, pour améliorer l'administration de l'Académie,
sur-tout pour l'encouragement accordé aux sujets, dont le

sort devoit presque doubler , crut devoir faire encore l'essai de continuer à leur en laisser la gestion pendant l'année 1784 à 1785 ; mais cette complaisance ne répondit point à ses espérances , puisqu'à Pâques 1785 , le déficit fut encore de 132,000 livres.

Dans cet état de choses , le Ministre sentit qu'il étoit impossible de continuer de confier une administration aussi importante à des sujets qui, jouissants d'un traitement fixe, prenoient peu d'intérêt à la chose, & que l'autorité du secrétaire de l'Académie, jointe même à celle de l'inspecteur que le Ministre avoit nommé pour suivre exactement les recettes & dépenses, étoit insuffisante, il se détermina à jetter de nouveau les yeux sur le sieur Dauvergne, dont la probité lui étoit connue depuis long-tems ; &, avec l'agrément du Roi, le Ministre lui signifia que les intentions de Sa Majesté étoient qu'il reprît la place de Directeur de l'Académie, en lui promettant, au nom du Roi, de seconder son zèle de toute son autorité. Le sieur Dauvergne se soumit avec respect aux ordres qu'il recevoit, mais non sans répugnance, prévoyant par sa propre expérience, les nouveaux chagrins auxquels il alloit s'exposer en voulant rétablir l'ordre & la subordination.

Les sujets ne virent pas, sans peine, le retour du sieur Dauvergne ; mais connoissant qu'ils avoient affaire à un homme sévère sur l'exécution des réglemens, et sur-tout à un Ministre qui vouloit de l'ordre et une économie convenable, ils se prêtèrent davantage à leurs devoirs, et le résultat de l'année fut un bénéfice de 1700 livres, toutes dettes payées, au moyen de l'augmentation de recettes que produisirent les spectacles forains. Le résultat de l'année

1786 à 1787, présenta un déficit d'environ 33000 livres.
Celui de 1787 à 1788, fut de la même somme, quoique le
produit des petites loges fût augmenté ; mais, d'un autre
côté, le succès des ouvrages nouveaux ne répondit point
aux espérances que l'on en avoit conçues, et les recettes
qu'ils produisirent ne furent pas en proportion des dépenses
qu'ils avoient occasionnées. Ces deux années ne se passè-
rent pas sans que le Ministre ne fût dans le cas de faire
plusieurs fois usage de son autorité. La retraite des principaux acteurs qui avoient plus que fini leur temps, mais qu'il
eût été à desirer que l'on eût pu conserver plus long-temps,
leur ayant fait succéder leurs Remplacemens, ceux-ci arri-
vèrent aux premiers emplois avec beaucoup plus de préten-
tions que n'en avoient jamais eu leurs prédécesseurs, et le
Ministre se trouva dans le cas de les réprimer plusieurs fois.
Ils en conçurent de-là une haine contre le sieur Dauvergne,
dont on verra ci-après la suite. Cependant cela ne l'a point
empêché de faire valoir, avec la même vérité, auprès du
Ministre, les marques de zèle que plusieurs d'entr'eux donnoient pour ne pas faire cesser le service. C'est avec la même
impartialité qu'il a cru devoir rendre compte de la négli-
gence ou de la mauvaise volonté de ceux qui comprome-
toient le service, par des maladies feintes ou par humeur.
Ainsi le même sujet se trouvoit loué ou blâmé, dans le cours
d'un même mois, par ce Directeur, suivant qu'il pouvoit
y donner lieu. En cela le sieur Dauvergne ne faisoit que
remplir, comme il le devoit, la place qui lui étoit confiée.
Plusieurs fois on l'a vu solliciter vivement une gratification
pour récompenser les efforts d'un sujet qui, peu de temps
auparavant, l'avoit forcé, par sa mauvaise volonté, de

porter des justes plaintes contre lui. Au reste le sieur Dauvergne n'a cessé de représenter aux sujets, que tant qu'il resteroit dans l'administration de l'Opéra, il se feroit un devoir, suivant les intentions du Roi, de rendre un fidele compte au Ministre, soit en bien, soit en mal, de tout ce qui pourroit intéresser le service du public. Le sieur Dauvergne leur a aussi sans cesse représenté qu'indépendamment de l'estime publique qu'ils devoient chercher à se concilier par des marques de zèle, leur bien-être y étoit intéressé, puisqu'en cherchant les moyens d'augmenter la recette et de diminuer la dépense, ils amélioreroient leur sort par le partage des bénéfices. Mais toutes ces justes représentations n'ont servi qu'à aigrir les esprits de ceux qui se croyent indépendans de toute régle et de toute subordination.

Le résultat de l'année 1788 à 1789, a été le plus affligeant de tous. Si l'on attribue, ainsi qu'il est juste, une partie du déficit à la durée excessive du rigoureux hiver dernier, pendant lequel tous les Spectacles de Paris ont également souffert, et qui a occasionné 90,000 liv. de recette de moins à la porte de l'Opéra, par comparaison à l'année précédente, on ne peut se dissimuler que le reste n'ait eu pour cause la fermentation qui a régné plus que jamais dans les esprits.

On croit devoir suspendre un moment le cours de cette narration, pour ne pas laisser plus long-temps dans l'inquiétude sur l'étendue des sacrifices pécuniaires que Sa Majesté a cru devoir faire pour parer aux différens *déficit*, dans la vue de conserver la jouissance de l'Opéra à sa capitale. **La** masse des *déficit*, depuis 1780 jusques et y

compris 1789, qui sont les neuf années de la nouvelle
administration, forme un objet, année commune, d'environ
60,000 liv. (*) y compris le payement des pensions des
sujets retirés depuis 1780, et qui s'élèvent à 61,000 liv.

On vient de dire que jamais l'administration de l'Opéra
n'éprouva une plus grande fermentation que dans l'année
théâtrale 1788, et depuis l'ouverture du Théâtre 1789.
Cette fermentation qui a amené le comble de l'insubor-
dination, parmi quelques-uns des principaux sujets de
l'Académie, provient de deux causes; la première, de la
demande de quelques particuliers, pour obtenir l'entreprise de l'Opéra et qui les a révoltés, parce que, malgré
les espérances d'amélioration de leur sort, dont on les
flattoit, ils ont regardé ce projet comme une insulte faite
à leurs talens et à leurs personnes, en voulant les réduire
à être aux gages d'entrepreneurs quelconques. On connoît
les mémoires qui ont été faits à cet égard, dans lesquels,
pour faire échouer ce projet et pour se rendre, en même-
temps, indépendans, lesdits premiers sujets de l'Académie
ont demandé à leur compte l'entreprise de l'Opéra. Mais

(*) Le déficit total des neuf années de l'administration de l'Opéra
étant, à Pâques 1789, de 591,319 liv. 7. s. 3 d., il est encore de
108,680 liv. 12 s. 9 d. au-dessous de celui des deux dernières
années 1778 et 1779, régies pour le compte de la ville, quoique
l'Opéra ait fait, sans les secours du Roi, une dépense de plus de
140,000 liv. pour l'aggrandissement du Théâtre du côté de la rue
de Bondi; cette dépense fait partie du déficit total des neuf années.

le Roi n'ayant pas cru devoir compromettre l'existence de
ce Spectacle, en l'abandonnant, soit à des entrepreneurs
particuliers, soit à quelques-uns des principaux sujets de
l'Opéra, sur-tout après l'essai fait de leur administration,
dans les années 1782, 1783 et 1784, Sa Majesté a fait
connoître à l'Académie Royale de Musique que sa volonté
étoit qu'il ne fût fait aucun changement dans la forme
actuelle de l'administration de son Académie Royale de
Musique, et a fait de nouveau connoître ses intentions,
par arrêt de son Conseil du 28 mars 1789, portant nouveau
réglement pour l'Académie Royale de Musique, et par
lequel Sa Majesté dit entr'autres choses « qu'Elle a vu
» avec peine, que le but qu'Elle s'étoit proposé, en
» améliorant le traitement des sujets de l'Opéra, loin de
» les engager à un travail qui pût satisfaire le public,
» n'avoit au contraire servi qu'à ralentir leur zèle, puisque
» d'après le relevé du travail de chacun desdits sujets,
» il a été reconnu que, depuis la suppression des feux,
» à peine avoient-ils servi chaque année le public, un
» tiers des représentations, ce qui avoit occasionné de justes
» représentations ».

Tel est le précis du préambule dudit arrêt : et en effet,
en faisant un relevé d'après les registres de l'Opéra, l'on
trouve que pendant les années 1785, 1786, 1787 et 1788,
il y a eu 669 représentations d'Opéras, dans lesquelles le
premier Acteur a chanté seulement 208 fois, ce qui fait
200 par chaque fois, et la première Actrice seulement 153,
c'est-à-dire, à raison de 300 liv. par représentation, ainsi
des autres sujets. Si les Comédiens François étoient payés
dans une pareille proportion, toutes les fois qu'ils jouent,

certainement la part de plusieurs d'entr'eux iroit à 50 et 60,000 liv. par année.

Comme il seroit trop long de rapporter l'Arrêt entier du 29 Mars 1789, et que le but que l'on se propose est de faire connoître seulement ici jusqu'où Sa Majesté a poussé l'attention, pour assurer les plaisirs du public, l'on se contentera de faire l'extrait des articles dudit Arrêt qui y ont rapport.

Par les articles 6, 7 et 8, il est dit que le Roi « ayant égard » aux justes plaintes du public et des auteurs, en voyant » les rôles des ouvrages nouveaux ou les pas de danse, sou- » vent abandonnés par les premiers sujets, après quelques » représentations, et en voyant aussi que souvent les » ouvrages anciens étoient totalement livrés aux Rempla- » cemens et même aux Doubles, Sa Majesté, pour détruire » un pareil abus si nuisible à l'amusement du public, aux » intérêts pécuniaires des auteurs, et même à ceux de » l'Académie Royale, fait très-expresses défenses, sous » peine d'amende, à tout sujet, de quitter son rôle ou son » pas de danse, sousprétexte d'indisposition non prouvée, » et sans une permission expresse du Directeur-Général » de l'Académie, qui en rendra compte sur le champ au » Représentant du Ministre; comme aussi le Roi ordonne » à tout acteur et actrice en chef, ou danseur ou danseuse, » de jouer ou danser avec un Remplacement et même un » Double, dans le cas où un premier sujet, en possession » du rôle ou du pas, viendroit à ne pouvoir jouer pour » quelque cause légitime ».

Par l'article 9, il est ordonné au Directeur-Général de l'Académie Royale de Musique, de tenir la main lors du répertoire , fait au comité chaque semaine , à ce que les rôles des ouvrages anciens soient joués, au moins par la moitié des acteurs et actrices en chef, de même les pas de danse, par la moitié des premiers danseurs et premières danseuses ; et pour l'assurance de l'exécution dudit article , veut Sa Majesté « que l'état de distribution des ouvrages » à jouer dans la semaine, soit envoyé, signé du comité, » au Représentant du Ministre ».

Par l'article 11 , il est dit « que le public s'étant trouvé » privé des talens des premiers sujets par des congés qui » ont été très-fréquemment accordés, Sa Majesté croit » devoir suspendre toute permission pour pouvoir aller » jouer ou danser en province, jusqu'à ce qu'Elle en or- » donne autrement ».

Par l'article 12 , Sa Majesté, pour assurer et varier le plus qu'il sera possible les plaisirs du public, ordonne « qu'il » soit entendu , toutes les six semaines , un des ouvrages » nouveaux en répétition, à tour de rôle, suivant le droit » d'ancienneté ».

Enfin , par une condescendance sans bornes, le Roi , par un Arrêt ultérieur, a bien voulu assurer le sort des premiers sujets du chant à neuf mille livres, à charge par eux de jouer soixante-dix fois dans le cours de l'année théâtrale, et en outre, leur a accordé cinquante livres par chaque fois qu'ils joueroient au-delà des soixante-dix fois , jusqu'au nombre de cent fois : de même pour les premiers sujets de la danse, dans la même proportion ; de sorte qu'un pre- mier acteur ou actrice peut, avec de la bonne volonté et sans un travail extraordinaire, augmenter son sort de 15 ou 1800 livres.

Telles

Telles sont les principales précautions prises par Sa
Majesté , pour assurer les plaisirs du public , la conservation d'un spectacle fait pour attirer les étrangers , et enfin
améliorer le sort des sujets de l'Académie. Cependant l'on
n'apprendra peut-être pas sans étonnement que l'Arrêt du
28 Mars dernier , loin d'être reçu avec respect et avec
reconnoissance , a excité , parmi les premiers sujets , un
sentiment contraire. Non-seulement ils s'en sont plaints au
Ministre , dans un mémoire fait entr'eux , et qu'ils ont fait
signer par des sujets à peine reçus à l'Académie , et même
du second et du troisième ordre ; enfin ils ont formé le vain
espoir de faire casser ledit Arrêt ; ils ont en conséquence
tenu des assemblées tumultueuses chez l'un d'eux. Les propos les plus malhonnêtes , sur les personnes honorées de
la confiance du Roi , sur le Comité et sur le Directeur , n'y
ont pas été épargnés.

Voici le principal motif de cette incroyable insurrection:
quatre ou cinq des premiers sujets , conjointement avec le
Maître des chœurs de l'Opéra , ayant traité du privilége
du spectacle de Lyon , se flattoient d'y faire un gain considérable , en s'arrangeant entr'eux , pour aller jouer alterna-
tivement sur ce théâtre , sans s'inquiéter beaucoup du
service de celui de Paris. L'article 11 de l'Arrêt du 28
Mars 1789 , par lequel le Roi , par des vues contraires aux
leurs , suspend toute permission d'aller jouer ou danser en
province , jusqu'à ce que Sa Majesté en ordonne autrement , trompant toutes leurs espérances ; ils se sont tout
permis ; dans leur délire , ils ont été jusqu'à dire qu'ils
s'adresseroient aux Etats-Généraux pour obtenir leur liberté ; comme si cette assemblée auguste pouvoit perdre

D

des instans précieux à écouter de pareils détails. Ils devroient être persuadés que, si elle daignoit s'en mêler un instant, ce seroit pour les ramener au respect qu'ils doivent au Roi et au public, duquel ils dépendent par l'état qu'ils ont embrassé, et enfin à ceux qui sont chargés de veiller à l'exécution des réglemens.

Depuis cette époque, ces sujets se sont encore plus déchaînés contre le sieur Dauvergne, aux conseils duquel, disent-ils, ils doivent l'Arrêt du 28 mars dernier ; ils ont cherché à ameuter leurs autres camarades contre lui, ils ont cabalé contre l'Ecole, et insulté à la capacité des Artistes qui sont à la tête de cet utile établissement, dont ils craignent les suites, puisqu'il peut produire des sujets qui rendront leur service peut-être d'une nécessité moins importante, et l'on commence à en avoir des preuves.

Le sieur Dauvergne, plus que septuagénaire, n'a opposé à la fougue et à la conduite peu décente de cette jeunesse inconsidérée, que de l'honnêteté & de la patience, n'ayant cessé même de faire valoir ceux qui donnoient quelques légères marques de bonne volonté, et il n'auroit pas dû s'attendre à éprouver, en présence de tout le Comité, qui a partagé sa peine, le plus dur traitement, de la part d'un des premiers sujets de l'Opéra, qui lui a parlé avec autant de mépris que de dureté, sur ce que le sieur Dauvergne avoit cru devoir, dans le répertoire des ouvrages nouveaux à entendre, placer avant celui du sieur Trial fils, jeune compositeur qui donne des espérances, celui du sieur Piccini, célèbre compositeur, et qui mérite, par les ouvrages dont il a enrichi le théâtre de l'Opéra, quelque préférence, d'autant qu'il ne retardoit la répétition

du sieur Trial que d'une semaine ; l'Acteur , protecteur de
ce jeune artiste , s'est emporté , en injuriant ce Directeur ,
et disant qu'il vouloit que l'ouvrage du jeune Trial fût
entendu avant tout autre ; et sortant de son sujet , il a dit
qu'il prétendoit avoir un congé pour aller jouer en Province , quoiqu'il en eût obtenu un de plus de trois mois
sur la fin de l'année dernière. M. Dauvergne l'ayant renvoyé
pour toute réponse à l'art. XI de l'Arrêt du 28 mars
dernier, cet Acteur , après avoir recommencé ses invectives ,
a dit qu'il n'étoit point esclave , qu'il ne connoissoit point
de supérieur , qu'il iroit par-tout où il voudroit , et renon-
ceroit à sa pension de l'Opéra et à celle de la Cour. Voilà
l'exemple qu'a donné en dernier lieu un sujet de l'Opéra ,
admis au Comité pour veiller aux réglemens et au maintien
du bon ordre et de la subordination. Il seroit sans doute
trop long de vouloir faire le détail de tous les embarras
où le Directeur se trouve journellement, et presque jusqu'au
moment du spectacle , pour assurer le service du public ,
ce qui ne se fait qu'à force d'écritures , souvent de courses ,
de prières et d'instances : et tel qui se dit malade, se montre
le même jour , ou dans les promenades publiques , ou à un
autre spectacle. Tel autre refuse le service , à moins qu'on
ne lui fasse , sans nécessité , un habit neuf ; un autre ne
veut pas chanter sous prétexte de fatigue , tandis que l'on
sait, à n'en pas douter, qu'ayant un congé, il a non-seulement chanté des rôles très-fatiguans en province tous les
jours , et quelquefois dans deux représentations le même
jour. Il est vrai qu'à leur retour ils prennent encore un
temps considérable pour se reposer de leurs fatigues , ensuite

D 2

pour faire des débuts dans les ouvrages qui leur conviennent, comme si le public ne connoissoit pas leurs talens.

L'on ne finiroit pas si l'on vouloit rappeller toutes les choses désolantes qui se passent journellement à l'Opéra. Cependant les Arrêts du Conseil, et des réglemens sagement faits, ont cherché à pourvoir à toutes ces difficultés, et c'est parce que l'on veut en maintenir l'exécution, que ces sujets se prétendent traités en esclaves, et que l'on manque d'égards pour eux. Certainement les Tribou, les Thévenard, les Chassé, les Geliotte, les le Maure, les Pelissier, les Antier, les Chevalier, les Arnoult, et tant d'autres, dont les talens distingués et l'honnêteté les faisoient rechercher par la meilleure compagnie de la capitale, ne se regardoient pas comme esclaves, pour être soumis à des Directeurs et à des Réglemens. Contents du traitement qu'ils avoient à l'Opéra, et qui alloit environ au tiers de celui dont jouissent actuellement les sujets de ce Spectacle, et des appointemens de 1000 liv. pour aller chanter trois fois la semaine au concert de la feue Reine, même dans les saisons les plus rigoureuses, ils n'ont jamais imaginé qu'il pût leur être permis de priver le public et la Cour de leurs talens, pour aller gagner de l'argent sur les Théâtres des Provinces. Enfin, ces Acteurs savoient régler leurs dépenses sur leurs revenus, et n'avoient point sans cesse recours, comme aujourd'hui, à la caisse de l'Académie, pour les tirer d'embarras.

D'après cet exposé, l'on peut juger 1°. si le Roi et ses Ministres ont pris jusqu'à présent assez de précautions pour assurer les plaisirs du public ; 2°. si les réglemens dont on a

iciextrait les principaux articles, ont été combinés sagement;
3°. si l'administration a rien négligé pour exciter l'émulation des Auteurs et le zèle des sujets; 4°. enfin si elle
a fait tout ce qui étoit en elle pour entretenir le Spectacle de
l'Opéra, dans une magnificence d'habits et de décorations
dignes de la capitale. Il semble que c'est-là où peut se
borner la puissance de l'administration, et que le reste
dépend de la bonne volonté des sujets; car que répondre à un
Acteur ou à une Actrice qui se dispense de jouer en faisant
dire, presque au moment où le Spectacle va commencer,
qu'il a un enrouëment ou autre maladie simulée, ou même
qui annonce à l'avance qu'il ne jouera pas tel jour? de
même un Danseur ou une Danseuse fait dire qu'elle ne peut
pas exercer son talent, parce qu'il lui est survenu un effort
au pied ou au genou. Que peut faire de mieux l'administration dans ce cas? c'est d'employer les prières, les
sollicitations, qui sont presque toujours infructueuses,
et alors elle se trouve forcée d'assurer le service le moins
mal qui lui est possible, en substituant des sujets d'un
ordre inférieur, souvent au grand mécontentement du
public et des auteurs.

Telle est la réponse que l'on peut donc faire au premier
chef d'accusation du public et de MM. les Locataires des
Petites-Loges, qui se plaignent de ce qu'on n'oblige pas
les premiers sujets à jouer plus souvent. Si le public savoit
d'ailleurs les tracasseries que l'on éprouve fréquemment de la
part des Protecteurs et sur-tout des Protectrices, lorsqu'au
terme des réglemens l'on s'est cru en droit d'exiger que
leurs protégés remplissent mieux leurs devoirs, et combien
le Ministre lui-même est importuné à cet égard, alors il

jugeroit qu'il faut bien du zèle et une patience presque
surnaturelle pour se charger d'une pareille administration,
et que celui qui a imaginé, en parlant d'une chose difficile
à conduire, de la comparer à un Opéra, ne s'est point
trompé.

A l'égard des plaintes que l'on forme contre les congés,
l'on ne peut ajouter à ce qui a été dit ci-devant à ce sujet,
autre chose, sinon que ces plaintes sont presque inconsé-
quentes ; car le public a toujours été informé que tel Acteur
ou tel Danseur avoit obtenu un congé, & qu'il paroissoit
tel jour devant lui pour la dernière fois avant son départ;
alors, l'Acteur ou l'Actrice, le Danseur ou la Danseuse,
déployoit avec raison, ce dernier jour, ses talens, &
faisoit des efforts pour se surpasser, pour ainsi dire, lui-
même, comme s'il sembloit dire : je n'ai fait, dans cette
occasion, de mon mieux, que pour vous laisser plus de
regrets sur mon absence. Cependant il étoit applaudi avec
plus d'enthousiasme que jamais. Au retour, après avoir
pris encore beaucoup de temps pour se reposer des fatigues
du voyage, le même sujet reparoissoit presque dans la
forme d'un début, sur-tout si son absence avoit été longue,
& le public n'attendant pas même qu'il eût chanté ou
dansé, pour juger du talent qu'il rapportoit, a commencé
du moment où il l'appercevoit sur le théâtre, à lui marquer
sa satisfaction, et les applaudissemens ont été égaux à ceux
qu'il lui avoit prodigués à son départ. Que l'on juge, d'après
de tels encouragemens, si les Acteurs ou Danseurs ne
trouvent pas mauvais que l'on mette aujourd'hui quelques
entraves à leurs congés. Il s'ensuit de-là que l'administration
est toujours occupée à assurer les plaisirs du public, tandis

que le public, emporté par celui du moment , travaille sans cesse lui-même contre une jouissance qui pourroit lui être assurée sans interruption.

A l'égard de la troisième plainte sur ce que l'on donne trop long-temps les mêmes ouvrages , il y auroit une infinité d'observations à y faire , mais l'on se bornera aux plus essentielles. 1°. L'on doit faire attention que la révolution arrivée , depuis dix ans , dans le goût de la musique, a rendu absolument nuls tous les anciens Opéras ; qu'ainsi l'on ne peut jouer que ceux composés dans le nouveau goût ; 2°. dans le petit nombre des ouvrages proposés à l'Académie, il y en a eu plusieurs qui n'ont pas paru mériter d'être mis sous les yeux du public ; 3°. Plusieurs de ceux qu'on a reçus & représentés , n'ont pas eu de succès , de sorte que le répertoire de l'Opéra , sur lequel on peut véritablement compter , se réduit à fort peu d'ouvrages. L'arrêt du conseil, du mois de Mars dernier , ordonne que l'on en répète un nouveau toutes les six semaines. Ce terme ne doit pas paroître trop éloigné , parce que pour entendre un opéra & pour pouvoir juger de ses effets, il faut que les Acteurs & les Chœurs apprennent leurs rôles comme s'ils devoient les jouer devant le public. Dès-lors il faut que ces études s'accordent non-seulement avec le service journalier , mais encore avec la bonne volonté des Acteurs. L'on dira en passant que c'est même une chose très-difficile que de juger d'un Opéra ; la musique peut être bonne , & le poëme mauvais ; de même le poëme peut être bon , & la musique sans effet. De pareils ouvrages ne devroient être reçus que d'après le jugement impartial de personnes de l'Art , de connoisseurs & d'amateurs instruits:

mais nonobstant tous les réglemens, les auteurs ont pris l'habitude, depuis quelques années, de rendre les répétitions publiques, en y invitant tous leurs parens & leurs amis ; ainsi l'ouvrage le plus médiocre, est applaudi à outrance ; & si le Comité, nonobstant cela, refuse, les protections forcent la main.

L'on doit observer en outre, qu'il n'en est pas de la mise d'un Opéra, comme de tout autre ouvrage aux autres spectacles, où le plus souvent, après la chûte, il n'y a eu d'autres frais que ceux de mémoire ; tandis que l'on ne peut donner un Opéra nouveau sans une dépense considérable en tout genre. Le public en doit juger par lui-même ; les copies seules de musique pour les rôles, les Chœurs, l'Orchestre, sont quelquefois un objet de plus de 5 à 6000 livres, & qui est absolument perdu pour l'Académie, si l'Opéra nouveau tombe ; si l'Opéra est foible, il faut le soutenir par des dépenses considérables en Ballets. On suppose qu'un ouvrage nouveau ait coûté 50,000 livres à mettre au Théâtre ; pour couvrir sa dépense, il faut qu'il ait au moins 20 représentations, à 2500 livres, l'une dans l'autre, sur quoi même il faut défalquer les honoraires de 400 livres, des Auteurs ; ainsi pendant ces 20 représentations, il est évident que l'Académie est en souffrance de tous ses frais journaliers, & qu'il faut que le paiement des dépenses faites pour cet ouvrage, soit retardé, ou que le paiement des sujets le soit, ce qui ne se peut. Ce n'est donc que sur l'espérance qu'un ouvrage nouveau aura au moins 40 représentations, que l'on peut se trouver au pair de toutes les dépenses, tant ordinaires qu'extraordinaires. On voit par là, que si ce même ouvrage, qui

auroit

auroit coûté 50,000 livres de mise , tomboit à la 10ᵉ représentation , alors l'Académie perdroit non - seulement la
majeure partie des frais qu'elle auroit faits , mais en outre
ce que lui auroit rapporté un ouvrage ancien. Il faut aussi
se rappeller qu'autrefois (& le temps n'en est pas éloigné)
l'on ne donnoit que quatre ou cinq Opéras , au plus , &
que depuis 1780 , l'on en a donné jusqu'à 15 & 18 par
année.

Dans tout ce qui vient d'être dit , on croit n'avoir rien
négligé de ce qui est le plus essentiel pour asseoir un jugement certain sur une administration aussi compliquée que
l'est celle de l'Opéra. C'est maintenant au public à juger
des efforts continuels qu'elle fait pour assurer ses plaisirs
et l'existence de ce spectacle , qui peut paroître essentiel
sous différens rapports politiques. Si tout le monde veut
bien se convaincre de ces vérités , les protections s'accor-
deront moins facilement , et le public , juge impartial ,
n'encouragera , par un accueil favorable et de justes applaudissemens , que les sujets qui chercheront à lui plaire
par une conduite digne d'artistes distingués , et par un zèle
constant à le faire jouir le plus souvent possible de leurs
talens.

Au reste , que l'on consulte les sujets qui , ayant fini
leur temps , se sont retirés , tous conviendront (soit que
leur âge les ait amenés à de sages réflexions, soit qu'ils ne
craignent plus les cabales en disant leur sentiment) , que
les réglemens ne laissent rien à desirer pour assurer , d'une
manière convenable , le service public , si les sujets , dont
le sort est aussi avantageux qu'il puisse l'être , vouloient
se prêter à tout ce que l'on leur demande de raisonnable ,

E

et reconnoître la nécessité de la subordination dans une administration aussi compliquée.

Malgré ce qu'on vient d'exposer, il seroit possible que l'Opéra pût se suffire à lui-même, sans être à charge au Trésor-Royal. 1°. En tenant la main (nonobstant toutes protestations), à l'exécution des réglemens, et particulière-ment des Arrêts du Conseil, des 28 Mars et 2 Avril 1789, par lesquels les sujets de l'Académie Royale de Musique sont excités, même pour leurs propres intérêts, à assurer, plus que jamais, le service du public à sa plus grande satis-faction. (*) 2°. En cherchant à enrichir le répertoire d'ou-

---

(*) Par l'article VI de l'arrêt du 28 Mars 1789, il est dit : » que
» l'intention du Roi étant d'exciter davantage le zèle des principaux
» sujets, et de faire jouir le public plus souvent de leurs talens,
» Sa Majesté veut que tout sujet qui quittera un rôle, sous prétexte
» d'une indisposition non prouvée, soit imposé à une amende de
» 48 liv., indépendamment de la perte de son feu, et que l'amende
» soit de 100 liv., dans le cas où le sujet qui aura prétexté une
» indisposition, sera vu dans quelque spectacle ou lieux publics.

» Sa Majesté entend que la même amende soit imposée sur tout
» sujet qui ne se présentera pas au théâtre pour y remplir ses devoirs.
» En conséquence tous les sujets en remplacement et en double,
» soit du chant, soit de la danse, seront tenus, sous peine de
» 24 liv. d'amende, de se trouver au théâtre les jours d'Opéra,
» pour être en état de prendre la place d'un premier sujet, qui,
» par quelque indisposition subite, se trouveroit hors d'état de jouer,
» *Sa Majesté ne voulant pas que dans aucun cas, le service du*
» *public puisse manquer ou être retardé.*

Par l'article VII, il est dit : que » tout Acteur ou Actrice en
» chef, qui refusera de jouer avec tel Remplacement ou tel Double,
» sera de même imposé à une amende de 100 ¹¹ ˙ ·· ·· ·· de même

vrages nouveaux, qui puissent réparer la perte totale de
l'ancien fonds, devenu absolument nul par la révolution qui

» des premiers sujets de la danse, qui refuseroient de danser avec
» des Doubles.

Par l'article VIII, il est dit : » Le public ainsi que les Auteurs,
» ayant, avec raison, témoigné leur mécontentement, en voyant les
» rôles des ouvrages nouveaux ou les pas de danse souvent aban-
» donnés par les premiers sujets, après quelques représentations, et
» que souvent les ouvrages anciens étoient livrés entièrement aux
» Remplacemens et même aux Doubles, Sa Majesté, pour détruire un
» pareil abus, si nuisible à l'amusement du public, et même aux
» intérêts pécuniaires de l'Académie Royale, fait défenses, sous les
» peines ci-dessus énoncées, à tout sujet de quitter son rôle ou
» son pas, sans une permission expresse du Directeur général de
» l'Académie, qui en rendra compte sur le champ au Représentant
» du Ministre. Ces différentes amendes seront retenues par le Caissier
» de l'Académie Royale de Musique.

L'article IX s'exprime ainsi : » Le Directeur général de l'Académie
» Royale de Musique, tiendra la main, lors du répertoire fait au
» Comité chaque semaine, à ce que les rôles des ouvrages anciens
» soient joués au moins par la moitié des Acteurs ou Actrices en
» chef, de même pour les pas de danse, par la moitié des premiers
» Danseurs ou premières Danseuses ; et pour l'assurance de l'exécution
» du présent article, l'état de distribution des ouvrages à jouer dans
» la semaine, sera envoyé, signé du Comité, au Représentant du
» Ministre. Il sera de même envoyé audit Représentant l'état des
» sujets qui doivent danser, soit en premier, soit en remplacement,
» dans les ouvrages à donner dans le cours de la semaine. Le Comité
» veillera, conjointement avec le Maître des Ballets, à ce que les
» Ballets ne soient point surchargés d'une trop grande quantité de

E 2

s'est faite depuis quelques années dans le goût de la musique (*). 3°. Par la jouissance entière du prix des nouvelles petites loges faites dans la salle provisoire, et dont la recette a été affectée particulièrement aux dépenses faites pour leur construction, et ce jusqu'à l'époque de leur parfait paiement. 4°. En faisant rentrer l'Opéra (nonobstant toute opposition) dans le droit des priviléges exclusifs qui lui ont été accordés par Lettres-Patentes de 1672, 1689, 1728, enregistrées au Parlement, et par les Arrêts du Conseil de 1749, 1757, 1758, 1766, 1769, 1778 et 1780, par lesquels l'Académie Royale de Musique a été maintenue dans le droit et privilége de l'Opéra, proprement dit, dans toute l'étendue du Royaume, ainsi que dans le droit et privilége

---

» sujets, dont un nombre suffisant sera réservé pour pouvoir remplacer » ceux qui seroient malades. »

Telles sont les principales précautions prises par l'Arrêt du 28 mars, pour assurer le service, à la plus grande satisfaction du public, ainsi qu'à celle des auteurs. Il eût peut-être été à désirer que, pour plus grande sûreté, l'on eût ajouté à l'article IX l'obligation de faire imprimer, dans les affiches du spectacle de chaque jour, les noms des premiers sujets employés à la représentation ; mais l'on crut voir des inconvéniens à établir cette règle. A ce défaut, il semble qu'on pourroit instruire le public par la voie du Journal, le lendemain ou le surlendemain de chaque représentation, que tel ou tel sujet, quoique employé sur le répertoire par le Directeur général de l'Académie, n'a pas joué, soit pour cause de maladie, soit par refus de sa part sans cause légitime, ce qui obligeroit alors le sujet à ne pas se montrer en public, s'il avoit prétexté faussement une indisposition.

(*) On joindra à la fin de ce précis l'état des ouvrages qui seuls composent le répertoire de l'Opéra.

exclusif de concerts de musique vocale et instrumentale ,
soit François, soit Italiens , ou dans d'autres langues, &c.
Si tous ces droits étoient mis en valeur, il seroit possible
qu'il ne fût plus à la charge des finances de l'Etat(*). 4°. Enfin
l'on doit espérer une augmentation importante de recette ,
lorsque les circonstances permettront de construire une
nouvelle salle d'Opéra le plus près possible du centre de
Paris , et à portée des différents quartiers qui peuvent ali-
menter ce spectacle, à la proximité des habitations ordinaires des étrangers, que la curiosité et les plaisirs attirent
à Paris, et de manière enfin que les personnes à pied puissent y arriver facilement et sans danger. La place du Palais-
Royal, et encore mieux celle du Carrousel (**) , présentent

(*) Il est vrai que si MM. les Gouverneurs et Commandans de
Province n'avoient pas préféré de faire donner par les entrepreneurs
des spectacles de Province, des traitemens à leurs protégés, alors ces
entrepreneurs eussent fait moins de difficulté de se soumettre aux
redevances que l'Académie Royale de Musique est en droit d'exiger
d'eux, en vertu de ses priviléges , ce qui eût pu produire à l'Opéra
un revenu annuel de quarante mille livres au moins.

(**) L'emplacement du Carrousel présente mieux que tout autre
les facilités de construire un monument digne de la Capitale , et c'est
ce que l'on avance, d'après des spéculations plus solides et mieux
démontrées que celles qui ont paru jusqu'à présent, et enfin combinées
de manière, non-seulement à ne rien coûter à l'Etat, mais même à
devenir, par une suite nécessaire, utile à ses finances. Quelques
Architectes , ou mal intentionnés , ou ayant le desir de construire
une salle, ont cherché à inquiéter le public , en jettant des soupçons
sur la solidité de la salle provisoire du Boulevard ; mais d'après
l'examen très-scrupuleux qui en a été fait, même cette année (1789),

seuls ces avantages, lesquels paroissent se réunir au vœu
général. Mais il est de la plus grande importance, avant
d'adopter un projet pour une nouvelle salle d'Opéra, qu'il
soit communiqué aux personnes chargées de l'exécution
journalière de ce spectacle. Tout architecte qui a des talens
peut faire un beau plan de salle, bien annoncé, bien dé-
coré, et qui séduiroit sous tous les rapports, sans que
pour cela il réunît tous les avantages qu'on desire dans
une salle d'Opéra. Ce spectacle exige des détails infinis,
ils sont différens et plus nombreux que ceux que demandent
tous les autres, et ils sont absolument ignorés des meilleurs
architectes. Ce ne sera jamais que sous la direction des
personnes qui ont l'habitude de la manutention d'une machine aussi compliquée, qu'on parviendra à faire un bon
projet. On ne pourroit même tirer que peu de lumières des
plans des salles d'Opéra qui ont été exécutés jusqu'à présent,
non-seulement parce qu'on n'en connoît point qui réunis-
sent tout ce qui est nécessaire, mais encore parce que,
depuis leur construction, bien des choses dont on n'avoit

par des Architectes distingués de l'Académie, et par d'autres personnes
expertes et d'une probité reconnue, il a été remis au Ministre un
procès-verbal de la solidité de cette salle, laquelle s'est trouvée aussi
saine dans toutes ses parties qu'au jour de sa première ouverture.
Non-seulement sa solidité a été évidemment démontrée, mais encore
sa durée a été constatée, pour un grand nombre d'années, sans qu'il
soit besoin d'autres réparations que de celles d'entretien d'usage dans
tous les bâtimens, et l'on a cru devoir, d'après ces visites, rassurer
le public, et l'instruire du résultat de ces examens, par la voie du
Journal de Paris.

pas d'idée , sont devenues indispensables aujourd'hui , tant
parce que ce spectacle s'est perfectionné , que parce que la
variété actuelle des représentations exige un service mieux
entendu. Quelques personnes ont pensé que la salle des
Variétés pourroit servir pour l'Opéra ; mais il est à observer que cette salle n'annonce non-seulement aucun des
accessoires les plus indispensables , pour un service aussi
compliqué que celui de l'Opéra , lesquels devront faire
nécessairement partie du plan général , lorsqu'on s'occupera
de la construction d'une salle nouvelle , mais même que la
salle destinée aux Variétés , quoique peut-être trop grande
pour ce spectacle , l'est cependant moins que la salle provisoire du boulevard Saint-Martin. C'est ce que l'on peut
vérifier par la comparaison des plans faits par des architectes impartiaux.

Quoique le Roi ait fait connoître plusieurs fois , et notamment par l'Arrêt de son Conseil d'Etat , du 2 Avril
1789 , que son intention étoit de ne rien changer à la
forme actuelle de l'administration de son Académie Royale
de Musique , plusieurs spéculateurs croyant trouver la
pierre philosophale dans l'exploitation de l'Opéra ,
n'ont pas manqué à chaque changement de ministère , soit
dans le département de la maison du Roi , soit dans celui
des finances , d'en solliciter vivement l'entreprise ; mais
toutes ces tentatives ont toujours échoué , malgré les puis-
santes protections dont les spéculateurs se disoient honorés ,
la fausseté de leurs spéculations ayant été prouvée par l'état
même de l'administration actuelle de l'Opéra , ainsi que
par l'expérience ; ils étoient et ils sont d'autant moins sûrs
de la solidité et de l'utilité de leurs projets , qu'ils em-

ploient encore aujourd'hui toutes sortes de moyens clandestins, pour se procurer des renseignemens sur l'administration intérieure de ce spectacle, sur la nature de ses
recettes et dépenses: mais peuvent-ils se flatter d'en avoir
de certains en s'adressant, soit à des marchands, soit à
des subalternes qui ne peuvent avoir l'ensemble de la
chose? Est-ce d'après des renseignemens aussi vagues, qu'ils
pourroient se flatter de pouvoir donner des sûretés solides
à leurs bailleurs de fonds, à leurs fournisseurs, et enfin
à leurs sujets, pour leur assurer non-seulement l'exactitude
du paiement de leurs appointemens (*), mais encore leurs
pensions de retraite?

Dans un projet, par exemple, remis, il y a peu de temps,
au Ministre, l'auteur, faute de bonnes intructions, évalue
annuellement la recette totale de l'Opéra à 2,190,000 liv.
Cependant le vrai est que la recette générale depuis Pâques
1780 jusqu'à Pâques 1789, ne s'est élevée, année commune, prise sur les neuf années de l'administration actuelle,

(*) Un entrepreneur pourroit-il se flatter que les sujets de l'Opéra,
presque mécontens de leur traitement actuel, voulussent s'engager
avec lui au même prix, et n'auroit-il pas à craindre qu'ils ne le
forçassent peut-être à doubler leurs appointemens et à les égaler à ceux
des sujets des autres spectacles, ou au moins à ceux des Acteurs des
Variétés, et qu'ils n'exigeassent en outre qu'il fut déposé un fonds
suffisant pour l'assurance des pensions actuelles, avec accroissement
pour celles à venir. Dès-lors la banqueroute de l'entrepreneur ne
seroit-elle pas décidée sous peu de temps? Alors plus d'Opéra; ou,
si le Roi ou le Gouvernement s'en chargeoit de nouveau, quel embarras
et quel perte n'en résulteroit-il pas pour parvenir à remettre les choses
sur le pied actuel, et peut-être n'y réussiroit-on pas?

qu'à

qu'à environ 937,000 livres ; ainsi l'auteur force donc la recette d'environ 1,252,000 livres. Cette différence mérite bien quelque attention dans une spéculation *.

L'auteur évalue, dans sa recette totale, les bals à 88,000 l. par an ; ils n'ont cependant pas produit, année commune, depuis neuf ans, 36,000 livres **.

Il porte à 60,000 livres l'article des bals du Panthéon et autres ; ils n'ont jamais produit 10,000 livres.

Il estime la redevance des spectacles de Province envers

(*) Cependant il y a eu une année (celle de 1787 à 1788), dont la recette s'est élevée à 1,062,635 liv. 9 sols, c'eſt la plus forte que l'Opéra ait jamais faite ; la recette de 1788 à 1789 l'eût peut-être égalée sans l'excessive rigueur et la durée de l'hyver dernier, mais il n'en résulteroit pas moins encore une différence énorme entre ces recettes et celles de 2,190,000 liv.

(**) Les bals de l'Opéra étoient autrefois d'une grande ressource pour l'Académie Royale de Musique, puisqu'ils rapportoient jusqu'à 140 et 150,000 liv. par an ; mais à peine, depuis neuf ans, couvrent-ils les frais qu'ils occasionnent, ce que l'on ne peut attribuer entièrement à l'éloignement de la salle provisoire, puisque l'on a essayé d'en donner à la salle des Thuileries, où il y avoit autrefois une grande affluence, mais cette tentative n'a pas été plus fructueuse que celle faite ensuite dans la salle du Colisée ; d'où l'on peut conclure que le goût du bal de l'Opéra est passé de mode, ce que l'on peut attribuer à la manière de vivre actuelle, qui ne laisse plus le besoin de ce genre d'amusement pour former des liaisons particulières ; d'ailleurs les bals bourgeois, où l'on paye, au préjudice des priviléges de l'Académie, s'étant multipliés à l'infini, ainsi que les spectacles clandestins que l'on veut faire passer pour des amusemens de société (quoique l'on y paye sous le titre d'abonnement), ont nécessairement porté un grand coup aux bals et aux recettes de l'Opéra.

F

l'Opéra , au moins 600,000 liv. Cette redevance , quelque légitime qu'elle soit , d'après les privilèges de l'Académie , n'a cependant pas produit un petit écu , depuis vingt-ans , à ce spectacle. Ainsi ce défaut de recette fait un furieux déficit dans les combinaisons de l'auteur , dont les erreurs ne sont pas moins considérables sur l'article des dépenses. Au reste, pour éclairer les différens aspirans à l'entreprise de l'Opéra , et les mettre à l'abri des dangers de faire de fausses spéculations , d'après les renseignemens incertains qu'ils ont cherchés clandestinement , l'on terminera ce précis par un tableau fidèle des différentes recettes de l'opéra , ainsi que de ses dépenses ordinaires et de celles dites extraordinaires.

En attendant que les spéculateurs sur l'entreprise de l'Opéra aient présenté des projets mieux entendus , plus utiles aux finances du Roi , plus certains pour le sort actuel et à venir des sujets de l'Opéra , plus solides pour les fournisseurs , l'on peut se croire fondé à penser que la forme actuelle de l'administration de l'Académie Royale de Musique est celle qui présente le plus l'espérance d'assurer au public la conservation d'un spectacle qui lui est agréable , et qui , sous tous les rapports , est si utile (ainsi qu'on l'a déjà dit) aux arts, au commerce et aux consommations , par le concours d'étrangers qu'il attire dans la capitale.

OBSERVATIONS.

Quelques personnes (probablement par des vues particulières) ont proposé, dans des papiers publics, la suppression

des redevances de différens Spectacles de Paris envers.
l'Académie Royale de Musique.

RÉPONSE. Ces redevances forment un revenu annuel
pour l'Opéra de près de deux cents mille liv. On verra,
par le tableau ci-après, si ce Spectacle peut exister sans
ce secours.

On lit dans un des Journaux, que les abus sont tels à
l'Opéra, que, s'ils n'existoient pas, non seulement la recette
suffiroit pour son entretien, mais même *pour lever à
côté une Maison de Charité.*

RÉPONSE. L'on ne peut disconvenir que malgré la
sagesse de tous les réglemens, pour détruire et prévenir les
abus, il n'en existe encore, mais non pas au point, comme
le dit le Journaliste, de pouvoir, sur leur destruction, former l'établissement louable *d'une Maison de Charité.* Cette
exagération sera détruite par la seule inspection du Tableau
des recettes et dépenses de l'Opéra. Il est vrai qu'il y
auroit lieu d'espérer peut être une amélioration dans les
recettes et une diminution dans les dépenses, par le seul
fait du zèle des sujets à satisfaire le public et les Auteurs,
par un travail plus assidu et par le rétablissement d'une
subordination raisonnable, sans laquelle l'Opéra ne peut
exister encore long-temps, quelque forme d'administration
que l'on adopte pour son régime.

L'on propose aussi entr'autres choses, dans une brochure
nouvelle, d'accorder à chaque premier sujet, deux mois
de vacances, chaque année, pour se reposer ou voyager.

RÉPONSE. Pour peu que l'Auteur de cette proposition
eût fréquenté l'Opéra, il auroit été instruit des plaintes du
public, lorsqu'il s'est vu privé de la jouissance des talens

d'un ou de deux sujets auxquels l'on n'avoit pu refuser un congé. Combien plus justement seroient fondées ces plaintes, si l'on accordoit à chaque premier sujet, chaque année, un congé de deux mois ? Ainsi tous les ouvrages seroient donc livrés entièrement (au grand mécontentement du public et des Auteurs,) aux Remplacemens et aux Doubles. De-là la désertion de ce Spectacle, et l'on n'en peut d'autant moins douter, que si, pour cause de maladie ou autres, les premiers Acteurs se font remplacer un jour dans un Opéra, l'affluence est beaucoup moins grande le jour où l'on redonne le même ouvrage, par la crainte que l'on a de n'y pas voir l'Acteur ou le Danseur desiré, et ce n'est que lorsqu'il a repris son rôle ou son pas de danse que le public revient avec confiance.

L'on a mis en question s'il ne seroit pas plus avantageux que l'Opéra n'eût lieu à Paris que pendant six mois.

RÉPONSE. Il n'en est pas de l'Opéra François comme de l'Opéra Italien, qui n'a besoin, pour être mis sur pied, que de quelques Chanteurs en réputation, en hommes et en femmes, au lieu que dans l'Opéra François il faut indispensablement un ensemble et une réunion de talens, tels, que si l'on le fermoit seulement trois mois, il faudroit peut-être un an pour le rouvrir et le remettre dans l'état où l'on l'auroit laissé. Car comment, après la dispersion seulement des premiers sujets, les réunir pour entendre et répéter des ouvrages nouveaux ? Comment alors préparer les décorations et accessoires nécessaires ? Comment payer même, sans recette, si l'on vouloit aller en avant, les dépenses qu'exigent ces préparations ? Que deviendroient les sujets qui ne trouveroient pas à gagner, pendant six mois de l'année, et sur-tout les Musiciens et Musiciennes des chœurs, les Danseurs et Danseuses des ballets, que l'Opéra, faute de fonds, ne pourroit continuer de payer, pendant la clôture de son Théâtre? Combien de temps même ne faudroit-il pas pour leur faire reprendre l'habitude de l'exercice de leurs talens, dont on ne peut se dissimuler la nécessité, puisque, sans eux, l'Opéra ne pourroit exister avec les premiers sujets seuls, quelque distingués que fussent leurs talens? Que deviendroit enfin l'Orchestre, dont le continuel exercice, les talens et la réunion le faisoient regarder par M. Gluck comme le premier Orchestre de l'Europe? Enfin, pour conclusion, penseroit-on que le public se vît priver sans murmure du Spectacle de l'Opéra, lorsqu'il se plaint de sa privation, pendant la clôture de trois semaines qui a lieu annuellement, au temps de Pâques.

L'on conseille d'établir quatre ouvrages nouveaux., par an, à l'Opéra, et d'attendre le succès de chacun d'eux, pour faire les dépenses les plus coûteuses, et de se servir en attendant des décorations et costumes qui se trouveroient dans les magasins.

Réponse. Pense-t-on que les Auteurs, tant des Poëmes que de la Musique, voulussent se prêter à un pareil arrangement, tandis qu'ils retardent souvent la mise de leurs ouvrages, pour exiger la plus grande magnificence, tant dans les décorations que dans les habillemens, et même pour des accessoires souvent assez indifférens? Et rarement sont-ils contents des dépenses que l'on fait pour les satisfaire, sur-tout si, après un peu d'économie, de la part de l'administration, le succès de leurs ouvrages n'a pas pleinement répondu à leurs espérances; ils ne manquent

guères d'en rejetter la cause sur l'épargne de la dépense.
Combien de personnes d'ailleurs qui s'inquiètent peu des
paroles et de la musique, ne vont à l'Opéra que pour le
plaisir de la vue, et à la sortie de ce Spectacle, vous
n'entendez souvent parler que des décorations ou des
habits, soit pour en louer la magnificence, soit pour en
blâmer la simplicité, sans s'embarrasser des convenances
et du costume simple que peuvent exiger certains ouvrages?
Les Acteurs même, et sur-tout les Danseurs et Danseuses,
mettent beaucoup d'amour-propre à paroître, à la première
représentation d'un Opéra, avec la plus grande magnificence. Il seroit difficile, pour ne pas dire impossible, de
ne pas les satisfaire à cet égard, étant soutenus par les
Auteurs, puisque, dans le cours même d'un ouvrage, ils
forcent l'administration à leur faire souvent, sans nécessité,
des habits neufs, sur-tout s'ils ont été portés une fois ou
deux par leurs Remplacemens. Si l'on hasarde un refus,
alors nouvelles menaces de leur part de se retirer et de
demander leur congé,

D'autres pensent qu'un des moyens les plus certains de
soutenir l'Opéra, seroit d'y réunir l'Opéra-comique, dont
le privilége a été abonné à la Comédie Italienne.

RÉPONSE. La Comédie Italienne est une société d'entrepreneurs, qui, en conséquence de la concession du
privilége de l'Opéra-Comique, à charge d'une redevance
convenue avec l'Académie Royale de Musique, ont fait
toutes les dépenses nécessaires pour l'exploitation de ce
privilége. Ils ont construit à grands frais une salle plus
commode et plus agréable pour le public, et en conséquence
ont contracté des dettes considérables, dont ils sont tenus

solidairement les uns envers les autres. Qui les rembour-boursera ? Qui assurera les pensions dont ils sont grévés, et celles que la plupart d'entr'eux sont sur le point d'obtenir, vu l'ancienneté de leurs services? Ce ne peut être sûrement l'Opéra, lequel ne pourroit trouver à cette réunion un avantage réel ; car il seroit tenu d'entretenir, pour ce Spectacle réuni à son administration, à peu près le même nombre de sujets que ceux actuellement à la Comédie Italienne pour l'exécution des Opéras-Comiques, et ce seroit se tromper, de croire que l'on pourroit y faire servir ceux de l'Opéra, parce que si l'on en employoit une partie, il seroit indispensable et de toute justice de leur donner alors des appointemens proportionnés à leurs travaux ; donc il n'y auroit aucune économie dans un pareil arrangement, et au contraire nuiroit-il beaucoup au service particulier de l'Opéra.

Enfin l'on a imaginé de réunir tous les principaux Spectacles de Paris, sous une même administration, avec une caisse commune, afin que l'excédent des recettes des uns pussent parer au *déficit* des autres.

RÉPONSE. Il y a trop de choses à dire pour prouver l'impossibilité d'une pareille réunion, pour que l'on puisse entreprendre de faire entrer dans ce précis toutes les raisons qui rendroient l'exécution de ce projet de toute impossibilité. C'est ce que l'on pourra démontrer dans un autre mémoire particulier.

Il y auroit encore une infinité d'observations à faire sur un nombre prodigieux d'écrits et de mémoires publiés sur l'Opéra ; mais l'on croit devoir borner à celles qu'on vient de lire toutes les réponses, d'autant que les états de comptes ci-après peuvent donner tous les éclaircissemens que l'on pourroit desirer.

CONCLUSION.

L'Opéra, par son essence, est un Spectacle très-dispendieux, quelque économie qu'on y puisse apporter, par la raison qu'il réunit tous les talens qui peuvent flatter l'oreille et intéresser la vue, avec la pompe, la richesse, la fraicheur et l'exécution la plus soignée.

Ce qui a le plus contribué à la perfection de ce Spectacle, c'est la variété qu'on y a introduite; mais il en est résulté que le nombre des sujets est nécessairement augmenté à proportion que les habits et décorations ont été multipliés et ont moins duré. On conçoit delà que si la recette est augmentée, la dépense a dû s'accroître dans une proportion plus forte.

Les choses étant dans cet état, et le public accoutumé à cette variété et à la magnificence de ce Spectacle, ce seroit peut-être une mauvaise spéculation d'y beaucoup retrancher, dans l'espérance de donner un grand avantage à la recette sur la dépense. Il semble que ce seroit s'éloigner du but qu'on se proposeroit. Les spectateurs ne trouvant plus grand charme à ce Spectacle, s'en éloigneroient immanquablement, et principalement les étrangers. C'est même cette variété qui leur fait prolonger leur séjour, quelquefois beaucoup au delà du terme qu'ils s'étoient proposé, voulant jouir des nouveautés qui doivent être données à l'Opéra. Ce séjour ne peut être qu'à l'avantage même de ce théâtre, ainsi qu'à celui de l'Etat.

C'est

C'est à la sagesse du Gouvernement, à juger, d'après cet exposé, du parti le plus avantageux à prendre, soit pour la conservation du régime actuel de l'Académie Royale de Musique, soit pour exposer son existence aux hasards d'une entreprise. Mais quelque parti que l'on adopte, il est nécessaire, et même indispensable, que les sujets de l'Opéra soient soumis aux réglemens, et que nul d'entr'eux, quelque talent qu'il ait, ne puisse s'y soustraire ; car, autrement, ce seroit entraîner la chûte de ce Spectacle, ou la ruine de tout entrepreneur auquel on le céderoit. De plus, tout sujet reçu à l'Opéra, ne doit pas avoir la liberté de quitter le service avant le terme prescrit par les réglemens, à moins que ce ne soit pour cause d'infirmités habituelles et avérées, ou de perte de talent reconnue par le public, dans la dépendance duquel tout sujet se trouve absolument, dès qu'une fois il s'est consacré librement à ses plaisirs ; de même l'administration de l'Académie, quelque forme qu'elle puisse prendre, doit se faire un devoir d'améliorer, autant qu'il est possible, le sort de ses sujets, et exciter leur zèle par de bons procédés et par des récompenses envers ceux qui se distingueront par une conduite digne d'artistes estimables. Le public mettra le comble à ces justes encouragemens par l'estime et la considération qu'il leur accordera.

G

Nº Iᵉʳ.

EXTRAITS *des Comptes de l'Académie royale de Musique,*
depuis sa réunion au Domaine du Roi, par Arrêt du
Conseil du 17 Mars 1780.

ANNÉES.	RECETTES.			DÉPENSES.			BÉNÉFICES.			DÉFICITS.		
	l.	f.	d	l.	f.	f.	l.	f.	d	l.	f.	d.
1780 à 1781.	855442	15	3	817512	15	//	37930	//	9	//	//,	//,
1781 à 1782.	785504	2	2	835062	//	//	....			49557	17	10
1782 à 1783.	856139	6	8	910168	11	8	....			54029	4	6
1783 à 1784.	826061	5	7	966597	18	11	....			140536	13	4
1784 à 1785.	895448	17	5	1028062	2	11	....			132613	5	6
1785 à 1786.	1007000	//	//	1005300	14	9	1700	5	3	//	//	//
1786 à 1787.	1013052	14	11	1046303	13	8	....			33250	18	9
1787 à 1788.	1062635	9	//	1095551	//	11	....			32915	11	11
1788 à 1789.	972561	5	7	1120977	1	//	....			148415	15	5
	l.	f.	d.	l.	f.	d.	l.	f.	d.	l.	f.	d.
TOTAUX.	8273845	16	7	8825535	18	10	39630	6	//	591319	7	3
	l.	f.	d.	l.	f.	d				l.	f.	d.
Année comm.	919316	4	7/9	980615	2	1/9	Déficit annuel.			61298	18	1

RÉCAPITULATION.

La Recette de 1780 à 1789, s'élève à................. 8273845 l. 16 f. 7 d.

La Dépense à la somme de......................... 8825535 18 10

Le Déficit sur les neuf années est de............... 591319 7 3

De là il s'ensuit que l'année commune de la Recette étant de. 919316 4 7.

Et celle de la Dépense de........................... 980615 2 1 1/9

Le Déficit est de................................. 61298 18 1

Le Déficit des années 1778 & 1779, ayant été, pour le compte
de la Ville, de.................................. 700000 // //

Celui des neuf années suivantes n'étant que de............ 591319 7 3

Le Déficit des neuf années a donc été au-dessous des deux
dernières années de la Ville, de.................. 108680 12 9

Nota. Dans le Déficit de 591319 l. 7 f. 3 d. se trouvent comprises les constructions d'augmentations faites sur la rue de Bondi, au Théâtre de la Salle provisoire,
ainsi que les loges de l'avant-scène.

Il est à observer que par la retraite du Directeur, les affaires de l'Opéra ont été
administrées uniquement par les principaux Sujets de ce Spectacle et leur Secrétaire,
depuis Pâques 1782, jusqu'à Pâques 1785.

N° I I.

ÉTATS de comparaison des Recettes et Dépenses de l'Académie Royale de Musique, depuis 1780 à 1781, jusques & compris 1787 à 1788 ; lesdits États demandés par le Ministre, à la clôture de Pâques 1788, pour être mis sous les yeux du Roi.

ANNÉE 1780 A 1781.

Directeurs : M. le Berton, pendant un mois ou environ ; ensuite M. Dauvergne, avec le Comité.

Il y a eu cette année 174 Représentations.

Recette générale.......................... 855,442l. 15 f. 9 d.
Dépense générale. .... 817,512 15   "

BÉNÉFICE......... 37,930   "   9

Principales Recettes.

A la porte.......... 485,077l. 7 f. " d.
Petites Loges....... 237,394   8   10
Bals.............. 65,831   "   "
Opéra-comique..... 30,000   "   "
Concert Spirituel.... 1404   14   8
Spectacles forains.... 12,442   "   "

Principales Dépenses.

Appointemens de 256
  personnes........ 312,677   8   11
Honoraires d'Auteurs. 36,317   "   "
Quart des Pauvres... 72,000   "   "

On a joué 14 Opéras différens, et 6 Ballets d'actions.

OBSERVATION.

Il n'y a point eu de Pensions à payer dans cette année ; le Roi s'étant chargé de toutes celles existantes avant l'arret de 1780.

On n'a porté que quelques-unes des principales Recettes & Dépenses, parce qu'on verra plus en détail en quoi elles consistent, par le Tableau ci-après, N° IV.   G 2

ANNÉE 1781 A 1782.

Incendie de la Salle d'Opéra le 8 Juin.

Direction de M. Dauvergne et du Comité.

Il y a eu, cette année, 120 Représentations, et 14 Concerts aux Tuileries.

Dépense générale.....................	835,062 l.	" f.	" d.
Recette générale.....................	785,504	2	2
DÉFICIT............	49,557	17	10

Principales Recettes.

A la porte...........	285,559 l.	" f.	" d.
Petites Loges........	173,216	3	10
Dix-sept Bals........	45,309	10	"
Opéra-comique......	30,000	"	"
Concert Spirituel....	5361	5	10
Spectacles forains....	35,256	"	"

Principales Dépenses.

Appointemens de 337 personnes........	305,820	16	8
Honoraires d'Auteurs.	21,753	6	8
Quart des Pauvres...	72,000	"	"
Pensions..........	20,950	"	"

ANNÉE 1782 à 1783.

Régie par les Sujets du Comité uniquement (M. Dauvergne s'étant retiré.)

Il y a eu, cette année, 172 Représentations.

Dépense générale.....................	910,168 l.	11 f.	2 d.
Recette générale.....................	856,139	6	8
DÉFICIT............	54,029	4	6

*Suite de l'*Année 1782 a 1783.

Principales Recettes.

A la porte.........	472,212 l.	" f.	" d.
Petites Loges........	223,817	10	8
Vingt Bals.........	73,809	14	"
Opéra-comique.....	30,000	"	"
Concert Spirituel....	5361	5	10
Spectacles forains....	42,372	"	"

Principales dépenses.

Appointemens de 294 personnes........	324,191	13	4
Honoraires d'Auteurs.	39,960	"	"
Quart des Pauvres...	72,000	"	"
Pensions..........	36,300	"	"

L'on a joué 15 Opéras différens.

Année 1783 a 1784.

Régie par les Sujets du Comité uniquement.

Il y a eu, cette année, 167 Représentations.

Dépense générale.....................	966,597 l.	18 f.	11 d.
Recette générale.....................	826,061	5	7
Déficit........	140,536	13	4

Principales Recettes.

A la porte.........	443,034 l.	14 f.	" d.
Loges à l'année......	260,518	2	2
Quatorze Bals......	42,252	"	"
Opéra-comique.....	30,000	"	"
Concert Spirituel....	4368	7	5
Spectacles forains....	40,968	"	"

*Suite de l'*ANNÉE 1783 A 1784.

Principales Dépenses.

Appointemens de 280
  personnes........ 316,720 l. " f. " d. ⎞
Honoraires d'Auteurs. 55,896   "   "   ⎬
Quart des Pauvres... 72,000   "   "   ⎟
Pensions........... 43,600   "   "   ⎠

L'on a joué 13 Opéras différens.

ANNÉE 1784 A 1785.

Régie par les Sujets du Comité uniquement.

Il y a eu, cette année, 163 Représentations.

Dépense générale...................... 1,028,062 l. 2 f. 11 d.
Recette générale...................... 895,448 17 5

       DÉFICIT.......... 132,613 5 6

Principales Recettes.

Recette à la Porte.... 472,515 l. 16 f. " d. ⎞
Loges à l'année······ 283,516 16 9   ⎟
Dix-huit Bals....... 48,721 10 "   ⎬
Opéra-comique 32,500   "   "   ⎟
Concert Spirituel.... 6674 18 8   ⎟
Spectacles forains.... 40,476   "   "   ⎠

Principales Dépenses.

Appointemens de 291
  personnes 386,350   "   "   ⎞
Honoraires d'Auteurs. 50,564   "   "   ⎬
Quart des Pauvres... 72,000   "   "   ⎟
Pensions........... 41,807 15 "   ⎠

L'on a joué 14 Opéras différens.

ANNÉE 1785 A 1786.

Rentrée de M. Dauvergne à la Direction avec le Comité.
Il y a eu, cette année, 175 Représentations.

Recette générale...................... 1,007,000 l. 19 f. ″ d.
Dépense générale..................... 1,005,300 14 9

BÉNÉFICE........... 1700 4 3

Principales Recettes.

Recette à la Porte... 459,291 l. 10 f. ″ d. ⎫
Loges à l'année..... 288,744 1 ″ ⎪
Dix-sept Bals....... 39,154 10 ″ ⎬
Opéra-comique..... 40,000 ″ ″ ⎪
Concert Spirituel.... 3001 2 8 ⎪
Spectacles forains.... 107,992 5 4 ⎭

Principales Dépenses.

Appointemens de 305
  personnes........ 419,866 13 4 ⎫
Honoraires d'Auteurs. 25,820 ″ ″ ⎬
Quart des Pauvres... 72,000 ″ ″ ⎪
Pensions.......... 47,446 10 ″ ⎭

L'on a joué 16 Opéras différens.

ANNÉE 1786 à 1787.

Direction de M. Dauvergne & du Comité.

Dépense générale.................... 1,046,303 l. 13 f. 8 d.
Recette générale.................... 1,013,052 14 11

DÉFICIT.......... 33,250 18 9

Suite de l'ANNÉE 1786 A 1787.

Principales Recettes.

Recette à la porte...	423,717 l.	12 f.	" d. ⎫
Loges à l'année.....	355,989	13	" ⎪
Quatorze Bals......	36,249	"	" ⎪
Opéra-comique ....,	40,000	"	" ⎬
Concert Spirituel....	3841	11	8 ⎪
Spectacles forains.....	119,339	10	" ⎭

Principales Dépenses.

Appointemens de 318 personnes........	430,725	"	" ⎫
Honoraires d'Auteurs.	28,570	"	" ⎪
Quart des Pauvres...	72,000	"	" ⎬
Pensions..........	48,450	"	" ⎭

L'on a joué 16 Opéras différens.

ANNÉE 1787 A 1788.

Direction de M. Dauvergne & du Comité.
Il y a eu 156 Représentations.

Dépense générale......................	1,095,551 l.	" f.	11 d.
Recette générale,.....................	1,062,635	9	"
DÉFICIT..........	32,915	11	11

Principales Recettes.

Recette à la porte...	444,654 l.	18 f.	" d. ⎫
Loges à l'année.....	415,808	15	" ⎪
Douze Bals........	34,059	"	" ⎪
Opéra-comique	40,000	"	" ⎬
Concert Spirituel....	4541	2	" ⎪
Spectacles forains,...	116,176	"	" ⎭

Suite

*Suite de l'*Année 1787 a 1788.

Principales Dépenses.

Appointemens de 327
  personnes........ 460,400 l. 6 f. 8 d. ⎫
Honoraires d'Auteurs. 33,870 ″ ″ ⎬
Quart des Pauvres... 72,000 ″ ″ ⎪
Pensions.......... 48,750 ″ ″ ⎭

L'on a joué 14 Opéras différens.

OBSERVATIONS GÉNÉRALES.

Augmentation des dépenses, depuis 1780.

En 1780, le nombre des personnes attachées à l'Opéra, tant du Chant que de la Danse, Symphonistes, Machinistes, Directeurs et Préposés, n'étoit que de deux cents cinquante-six personnes, et leurs appointemens étoient de 312,677 l. 8 f. 11 d. Le nombre des mêmes personnes s'est augmenté successivement d'année en année, ensorte qu'à l'époque de 1788, il étoit porté à trois cents vingt-sept, ce qui fait une augmentation de soixante-onze personnes. Les appointemens sont montés en conséquence, en 1788, à 460,400 liv.; ainsi ils surpassent ceux de 1780 de la somme de.................. 147,723 l. ″ f. ″ d.

La garde militaire, qui n'étoit en 1780 que de 6924 liv. est montée successivement à 11,300 liv. Différence de..................... 4676 ″ ″

Plus, la garde des Pompiers et du Guet, qui n'existoit pas en 1780. 9200 ″ ″
_____
161,599 ″ ″

H

Suite des OBSERVATIONS GÉNÉRALES.

De l'autre part	161,599 l.	" f.	" d.
Le luminaire, en 1780, étoit de 30,616 l., et en 1788, de 42,160 l.; ainsi il y a sur cette partie une augmentation de....................	11,544	"	"
Les Machinistes, en 1780, étoient à 33,417, et en 1788, à 46,457. Augmentation de..............	13,040	"	"
Les Tailleurs, en 1780, étoient à 27,355, et en 1788, à 39,979. Augmentation de..................	13,624	"	"
Plus, les recettes des Bals sont considérablement diminués; en 1780, les Bals ont produit 65,831 l., et en 1788, seulement 35,057 l.; ainsi il y a perte de....	31,772	"	"
Tous les autres objets de dépenses sont montés dans la même proportion; il est vrai que la magnificence du spectacle depuis quelques années, tant en habits qu'en décorations, a surpassé de beaucoup celles des années précédentes.			
En 1780, l'Opéra n'eut point de Pensions à payer, et en 1788, elles sont montées à................	48,750	"	"
TOTAL des augmentations de dépenses	280,329	"	"

Suite des OBSERVATIONS GÉNÉRALES.

Augmentation des Recettes depuis 1780.

Depuis 1780, le produit du loyer des Petites Loges a été amélioré, 1°. par l'augmentation du prix de chacune, qui s'est élevée à ...... 61,600 l. ⎫

2°. Par le produit de celles qu'on a construites au sixième rang, de ... 24,800 ⎭ 86,400 l. ″ f. ″ d.

Les redevances de l'Académie Royale de Musique sont montées aussi successivement, depuis Pâques 1780, jusqu'à la même époque de 1788, de 12,442 l., à 116176, d'où il résulte une augmentation au profit de l'Opéra, de .... 103,734 ″ ″

La Comédie Italienne, depuis 1785, paye à l'Opéra 40,000 l. par an, au lieu de 30,000 l. Différence. 10,000 ″ ″

Le Concert Spirituel, le Wauxhall, ont donné aussi quelques légères augmentations qui se trouvent compensées par la diminution des loyers du café et des boutiques.

TOTAL des augmentations de Recettes 200,134 ″ ″

Tel est le tableau abrégé et fidèle des Recettes et dépenses de l'administration de l'Académie Royale de Musique, jusqu'à l'époque de la clôture du théâtre, en 1788.

H 2

R É S U M É.

Le déficit de l'année, depuis Pâques 1781 , jusqu'à Pâques 1782 , sous la direction de M. Dauvergne et du Comité, s'est élevé à la somme de........ 49,557 l. 17 f. 10 d.

Celui des années 1782 à 1783 , de 1783 à 1784 , et de 1784 à 1785 , sous la régie du Comité , composé des Sujets co-partageants, a été , pour les trois années , de.............. 327,179 " "

Ce qui fait , par l'année commune de 3 ans , un déficit de 109,059 l. 13 f. 4 d.

Le déficit des années 1785 à 1786 , 1786 à 1787 , et 1787 à 1788 , depuis la rentrée de M. Dauvergne , et sous sa direction avec le Comité , a été , pour les trois années , de.......... 66,166 10 8

Ce qui donne une année commune de.......... 22,055 l. 10 f. 2 d.

Ainsi , le déficit total des cinq années administrées par le Directeur général et le Comité , a été de la somme de... 115,724 l. 8 f. 6 d.

Celui des trois années régies par le Comité des co-partageants, de......... 327,179 l. " f. " d.

D'où il résulte que le déficit des cinq années administrées par le Directeur et le Comité , a été au-dessous de celui des trois seules années régies uniquement par le Comité des co-partageants, de... 211,454 l. 11 f. 6 d.

N.º I I I.

ÉTAT des Personnes employées au service de l'Opéra, avec leurs Appointemens, pendant l'année théâtrale 1789 à 1790.

Nombre
de
Personnes.

C O M I T É.

7.... Le Comité, composé de sept personnes, savoir d'un Directeur général, d'un Sous-directeur, d'un Dessinateur pour les décorations, et d'un pour les habits, d'un Adjoint, un Inspecteur et un Secrétaire.......................... 25,000 l. *n* f. *n* d.

C H A N T.

82

6 Le Chant est composé, en premiers Sujets, de deux Basses-tailles, deux Hautes-contres, & de deux Actrices à 9000 l. d'appointemens chaque..... 54,000 l. *n*s. *n* d.

5 En Remplacemens, composés d'un seul Acteur à 7000 l. et de quatre Actrices, dont deux à 7000 l. une à 5000 l. et une à 4000 l. faisant ensemble..... 30,000 *n* *n*

15 En Doubles, composés de sept Acteurs et de huit Actrices, dont les différens appointemens sont de.......... 41,900 *n* *n*

56 Les Chœurs sont composés d'un Maître de Musique, dont les appointemens sont de 4000 liv. de vingt-neuf Chanteurs & vingt-six Chanteuses, dont les appointemens différens sont de 61,300 *n* *n*

187,200 *n* *n*

D A N S E.

89 La Danse est composée d'un Maître des 212,200 l. *n* s. *n* d.

| Personnes. | | | De l'autre part........ 212,200 l. | *n* s. | *n* d. |

89	1 Aux appointemens de...... 7000 l.		
	1 D'un Aide à............. 2000		
	3 De trois premiers Danseurs, à 7000 l. chaque........ 21,000	51,000 l.	
	3 Des premières Danseuses, à 7000 liv............. 21,000		
	4 De quatre Remplacemens, hommes et femmes, à 500 l. chacun............. 20,000		151,500 *n* *d*
81.....	*En Doubles & premiers Doubles.* Savoir :	54,800	
	12 De sept Danseurs et de cinq Danseuses, dont les appointemens différens sont de... 34,800		
	27 De vingt-sept Figurants dans les Ballets............. 22,900	45,700	
	30 De trente Figurantes....... 22,800		

ORCHESTRE.

72....	1 L'Orchestre est composé d'un Maître de Musique, dont les appointemens sont de 5000 l.		
	1 D'un Aide pour seconder la mesure, de... 1500		
	27 De vingt-sept Violons, dont les appointemens sont de..................... 32,900		
	2 De Flûtes.................. 3100		
	4 Hautbois................. 4900		
	1 Clarinette................ 1500	84,300 *n* *d*	
	4 Cors.................... 4100		
	3 Trompettes............... 3000		
	5 Bassons................. 5400		
	6 Alto................... 4700		
	12 Basses................. 11,600		
	5 Contre-basses............ 5400		
	1 Timbalier................ 1200		

| 242 | | | 448,000 *n* *n* |

Personnes.			
	Ci-contre.............	448,000 l.	ʺ ſ. ʺ d.

Préposés pour le service du Théâtre.

242

12...... Les Préposés pour le service du Théâtre sont au nombre de douze, & leurs appointemens différens sont de................... 14,000 ʺ ʺ

Préposés, Contrôleurs, Commis et Employés, commis dans les Bureaux de l'Administration.

62 ...

5 Personnes, en y comprenant le Caissier et le premier Commis, dont les appointemens sont de........... 9200l. ʺs ʺ

3 Machinistes.................... 6000 ʺ ʺ

Magasin des Tailleurs.

9 Personnes, en y comprenant le Garde-Magasin et le premier Maître Tailleur, dont les appointemens sont de 11,500 ʺ ʺ

9 Commis préposés au service les jours de Représentation........ 9100 ʺ ʺ

36 Ouvreuses de loges, Avertisseurs, Portiers et Suisse............. 13,500 ʺ ʺ

49,300 ʺ ʺ

Gages des Ouvriers et Manœuvres du Théâtre.

51 ....

24 Ouvriers, en y comprenant leurs Chefs ou Brigadiers................ 21,229 10 ʺ

21 Manœuvres.................. 12,888 10 ʺ

6 Autres personnes pour service particulier...................... 2618·17 6

36,735 17 6

Tailleurs employés aux travaux du magasin et à l'habillement des Acteurs et Actrices les jours de représentation.

54 ...

28 Maîtres Tailleurs à 2 liv. par jour de travaux.
26 Aides, dits Plumets, à 35 ſ. par jour.
Toutes les Ouvrières sont fixées à 20 ſ. par jour; cette dépense a monté, l'année dernière 1788, à 1789...... 49,793 15 ʺ

421   597,829 12 6

Personnes.		De l'autre part......	597,829 l.	12 s.	6 d.
421	*Pensions à la charge de l'Opéra.*				

90 ....
- 26 Personnes du Chant............ 21,950 l. //s. //d.
- 29 *dites* de la Danse.............. 26,100 // //
- 23 *dites* de l'Orchestre............ 13,050 // //
- 12 *dites* des Ouvriers & Manœuvres.. 3050 // //

64,150 // //

| 511 Personnes. | | | 647623 | 7 | 6 |

N° IV.

N° IV.

TABLEAU des recettes et dépenses de l'Académie Royale de Musique.

R E C E T T E.

LA recette générale est composée, 1°. de la recette à la porte par chaque représentation ; 2°. de l'abonnement des petites Loges à l'année ; 3°. de la recette aux Bals ; 4°. des redevances de la Comédie Italienne , du Théâtre de MONSIEUR , du Concert spirituel , des Wauxhalls d'hyver et d'été , des Spectacles forains ; 5°. du loyer du Café et des Boutiques ; 6°. du produit de la vente des Poëmes.

1°. La Recette à la porte a monté, l'année dernière , à............. 379,958 l. 10 f. ″ d.

2°. Le produit des Petites Loges , compris celles affectées au payement de l'augmentation des Loges et Abonnemens.................... 463,600 ″ ″

3°. La Recette des Bals abonnés , à 30,000 ″ ″

4°. Redevances.

La Comédie Italienne , abonnée à................. 20,000 l.
Le Théâtre de Monsieur, *idem.* 30,000
Le Concert Spirituel, *idem*... 8,000

SPECTACLES FORAINS.

Variétés Amusantes, abonnées à..................... 50,000
Ambigu Comique , *idem*.... 30,000
Grands Danseurs de corde, *id.* 24,000
Le Wauxhall d'hyver a produit l'année dernière......... 3,246
Le Wauxhall d'été , *idem*.... 4,050
Le Spectacle Beaujolois, *idem*. 16,896
Les petits Spectacles divers,*id.* 4,650

190,842 ″ z.

1,064,400 10 ″

I

D'autre part .... 1,064,400 l. 10 f. „ d.

5°. Le loyer du café et des bou-
tiques   2,100   „   „

6°. La vente des Poëmes, qui n'a
lieu au profit de l'Académie, que
lorsque les Auteurs ne font pas les
frais des premières éditions ....   „   „   „

TOTAL 1,066,500   10   „

DÉPENSE.

La dépense générale se divise en dépense ordinaire et en dépense extraordinaire.

LA dépense ordinaire se forme, 1°. des appointemens du Comité, et de ceux des Acteurs, Danseurs et Symphonistes ; de ceux des Employés et Préposés, tant dans les Bureaux qu'à la salle de Spectacle, les jours de représentation ; 2°. de la redevance, dite quart des Pauvres ; 3°. de la Garde militaire ; 4°. du luminaire en huile, chandelle et bougie ; 5°. du payement des Ouvriers et Manœuvres du théâtre ; 6°. de celui des Tailleurs employés aux travaux et à l'habillement des Acteurs et Actrices les jours de Spectacles ; 7. des frais d'annonces et affiches des Spectacles ; 9°. des Pensions.

La dépense ordinaire est composée,
1°. Des appointemens des Directeur général, Sous-Directeur et autres membres du Comité ; de ceux des Acteurs, Actrices, Danseurs, Danseuses, Musiciens de l'Orchestre, Préposés au service du théâtre ; des Employés préposés,

Machinistes, suivant l'état détaillé ci-devant...................... 511,300 l. " f. " d.

2°. Du quart des Pauvres, par abonnement de................ 72,000 " "

3°. De la Garde militaire, dont la dépense, en 1788 à 1789, a été de 13,196 8 "

4°. Du Luminaire en huile, chandelle et bougie, dont le marché annuel est de................. 46,000 " "

5°. Des journées des Ouvriers et Manœuvres du théâtre, dont l'état annuel est arrêté à.............. 36,735 " "

6°. Des journées des Tailleurs, dont la dépense s'est élevée, en 1788 à 1789, à.................... 36,827 " "

7°. De la dépense des annonces et affiches des Spectacles, qui s'est élevée, en 1788 à 1789, à....... 2,316 " "

8°. Des Pensions dont l'état, pour 1789 à 1790, monte à la somme de 64,150 " "

APPERÇU de la dépense ordinaire, fait d'après celle qui a eu lieu l'année dernière....... 782,525 5 6

La dépense extraordinaire se forme des honoraires d'Auteurs de Poëmes et de Musique, des fournitures d'étoffes de soye, de grosses et de menues merceries, de gazes, crêpes et blondes, de galons, franges et rezeaux, des façons et fournitures pour les broderies, de fleurs artificielles, de lacets, gants, bas, souliers, chapeaux, casques et toques, rouge et pommade, impression des Poëmes, copie de Musique, serrurerie, ferblanterie, jettons d'argent pour les jours de Comité et d'assemblées, marchés à l'année avec divers fournisseurs, dépense pour les décorations en bois, toile, clous, &c. peintures des décorations, sculptures pour les accessoires, couleurs pour les décorations, peintures d'impression sur les étoffes, dégraissage et teintures, lycopode, esprit-de-vin et artifice, journées des garçons de l'attelier des peintres, constructions et réparations à la salle du Théâtre et au magasin, menues dépenses extraordinaires et non prévues, fournitures de tous les bureaux, soldats compars employés aux représentations, serenade de Thuileries pour la fête du Roi, le jour de la St. Louis, gratifications et appointemens extraordinaires, honoraires des sergens, adjudans, bois de chauffage, nattes et paillassons, plumes pour les coëffures, étrennes, raccommodage d'instrumens, pelleterie, ouvrages faits au tour, plombier, vitrier, poëlier et fumiste, ouvrages d'ozier, quincaillerie, ustenciles du Théâtre, garde des Pompiers et du Guet, entretien des lustres et girandoles, enlevement des boues, fournitures des cordages, perruquier, ébéniste et tapissier, &c.

Toutes ces différentes dépenses se sont élevées, année commune, depuis 1780 jusqu'en 1789, à...................... 344,477 l. 10 f. 4 d.

RÉCAPITULATION.

Dépense ordinaire...............	782,525	5	6
Dépense extraordinaire..........	344,477	10	4
DÉPENSE GÉNÉRALE.......	1,127,002	15	10

RÉCAPITULATION GÉNÉRALE.

La Dépense générale étant , par
apperçu, de.................... 1,127,000 l. „ſ. „d.
　La Recette générale n'étant, *idem ,*
que de....................... 1,066,500　　 „　　 „

Il en résulteroit un déficit annuel d'environ..... 60,500　　 „　　 „

Il semble qu'on pourroit couvrir le déficit 1°. par le
retranchement de quelques sujets , sur-tout dans le corps
de la danse, ainsi que dans d'autres parties ; mais pour ne
point compromettre l'existence de l'Opéra , ni la sureté du
service public, aucun retranchement ne peut être prudem-
ment fait qu'après avoir consulté les chefs des différentes
parties ; 2°. par plus d'économie dans les dépenses, mais
elle tient absolument à l'exécution stricte des réglemens,
ainsi qu'à la subordination des sujets , et à leur zèle pour
ne pas abandonner légèrement leurs rôles ou pas de danse
dans les ouvrages nouveaux ; 3°. enfin, par la destruction
de tous les abus qui pourroient tendre à augmenter, en
pure perte, les dépenses et nuire à la recette. Alors l'on
pourroit espérer que non seulement l'Opéra pourroit
se suffire à lui-même sans être à charge aux finances, mais
même qu'il pourroit produire des bénéfices au profit des
principaux sujets co-partageants. Il ne seroit cependant
pas prudent de calculer sur des bénéfices constans pour
chaque année, puisque malgré les précautions que toute
administration quelconque pourroit prendre , soit pour
faire fructifier les recettes et diminuer les dépenses , il

pourroit arriver que les plus sages précautions se trouveroient dérangées par des circonstances malheureuses,
soit d'intempérie de saisons, soit de chûtes d'ouvrages
sur lesquels on auroit pu raisonnablement compter, et qui
auroient occasionné des dépenses considérables, soit par
des maladies graves des principaux sujets essentiels aux
plaisirs du public, et sur-tout enfin par l'absence des
étrangers, si l'on ne cherchoit pas à faire l'impossible
pour exciter leur curiosité. Ainsi, pour pouvoir faire des
calculs raisonnables, il paroît qu'une administration ou
une entreprise quelconque ne pourroit se rendre un compte
exact de sa situation, qu'après une exploitation d'environ
dix années, en balançant les bénéfices des unes avec les
pertes des autres ; d'après cela, il seroit donc indispensable
que des entrepreneurs fissent un dépôt certain d'une
somme assez importante, pour parer au déficit qui pourroit
survenir, même dès les premières années de leur gestion,
et ce, non seulement pour assurer le sort présent et avenir
des sujets de l'Académie, mais encore le payement exact
des fournisseurs, sans lequel il seroit impossible de se
flatter d'économie.

N°. V.

ÉTAT du travail des principaux Sujets de l'Académie Royale de Musique, pendant les 171 représentations qui ont eu lieu depuis Pâques 1788, jusqu'à Pâques 1789.

	Appointemens.	Sujets de l'Académie.	Représentations où ils ont fait leur service.	Payement pour chaque fois, en conséquence de leur travail.		
		MESSIEURS.				
	9000 l.	Lainez.	48 fois.	187 l.	10 f.	" d.
	9000	Cheron.	67	134	6	6
	9000	Lays	73	123	5	9
	9000	Rousseau.	72	125	"	"
Sujets du Chant.		**MESDEMOISELLES.**				
	9000	Saint-Huberty.	41	219	10	2
	9000	Maillard	47	191	9	9
	7000	Gavaudan, cadette.	54	129	12	8
	7000	Cheron.	41	170	14	7
		MESSIEURS.				
	7000	Gardel.	54	129	12	8
	7000	Vestris	49	142	"	9
Sujets de la Danse.		**MESDEMOISELLES.**				
	7000	Guimard.	80	87	10	"
	7000	Perignon.	73	95	17	9
	5000	Hilisgberg	75	66	13	4
	3600	Laure	11	327	5	5

N° VI.

ÉTAT des retenues faites jusqu'au 1er Avril 1789, aux Sujets co-partageants, en vertu de l'article IV de l'Arrêt du Conseil d'État du Roi, du 3 Janvier 1784, pour fournir à chaque Sujet un fond de 15,000 livres, qui leur sera remis après quinze années expirées, si, aux termes des Réglemens, ils se trouvent alors hors d'état de continuer leurs services, et dont il leur est payé annuellement 50 livres d'intérêts par chacune desdites sommes retenues, et ainsi d'année en année, jusqu'au complément desdites 15,000 livres.

SAVOIR:

	Mrs Chéron............	pour 5 années....	5000 l.
	Lays...............	*Idem*........	5000
	Rousseau...........	*Idem*........	5000
CHANT.	Chardiny...........	2 années....	2000
	Mlles Maillard...........	5 années....	5000
	Chéron...........	2 années....	2000
	Gavaudan cadette....	*Idem*........	2000
	Mrs Gardel............	5 années....	5000
	Vestris............	*Idem*........	5000
	Nivelon...........	*Idem*........	5000
	Favre............	*Idem*........	5000
DANSE.	Laurent...........	4 années....	4000
	Mlles Pérignon...........	5 années....	5000
	Saulnier...........	4 années....	4000
	Rose.............	1 année.....	1000

TOTAL...................... 60,000 l.

Lesdites 60,000 liv. sont à la Caisse de l'Opéra en effets autorisés par le Ministre, rapportant cinq pour cent d'intérêt, conformément à l'Etat arrêté par lui chaque année.

Nota. Cet Etat, qui a été certifié par le Caissier de l'Opéra, et remis au Ministre, signé du Comité, répond suffisamment à un Libelle anonyme, intitulé : *Lettre à MM. les premiers Sujets de l'Opéra*, & qui a pour épigraphe : *Tu dors, Brutus, et Rome est dans les fers.* Ce simple éclaircissement, avec le Tableau ci-après des diverses Pensions, dispense de répondre aux autres calomnies insérées dans ce Libelle.

N°. VII.

N°. VII.

ÉTAT des Pensions à la charge de l'Académie Royale de Musique, depuis 1780, arrêté par le Ministre le 6 avril 1789. Pour l'année 1789 à 1790.

PENSIONNAIRES DU CHANT.

ANNÉES.	MESSIEURS,	SOMMES.
1780	Durand........................	1500 liv.
1781	Lagier........................	400
1781	Hery..........................	400
1782	Candeille	700
1782	Tirot.........................	1200
1783	Legros........................	2000
1783	Huet..........................	400
1783	Itasse........................	400
1783	Méon..........................	400
1786	Capoy.........................	500
1788	Cleret........................	600
1788	Jalaguier.....................	500
1789	Moreau........................	1800
1789	Peré..........................	1000
1789	Larlat........................	650
1789	Fagnan........................	450
	TOTAL....................	12,500
	MESDEMOISELLES,	
1780	Le Bourgeois..................	1000 liv.
1781	Beaumesnil....................	1550
1781	Dagée.........................	400
1781	Chenais	350
1781	Veron.........................	400
1785	Duplant.......................	2500
1788	Desrosières...................	1000
1788	Charmoy.......................	300
1789	Thaunat.......................	1000
1789	D'Hauterive...................	600
	TOTAL....................	9050
	Récapitulation des pensions du Chant.	
	Pensions des hommes..............	12,900
	Pensions des femmes..............	9050
	TOTAL.....................	21,950

K

PENSIONNAIRES DE LA DANSE.

ANNÉES.	MESSIEURS,	SOMMES.
1781	Noverre	1500 liv
1781	Despréaux	1000
1781	Malter	1000
1781	Vestris père	1000
1782	Dauberval	3500
1782	Dossion	400
1782	Trupty	500
1783	De la Rue	350
1783	Le Roi premier	300
1783	Le Roi second	300
1783	Desbordes	300
1783	Giguet	450
1785	Hennequin	450
1785	Duchaine	450
1789	Barrée	600
1789	Caster	650
1789	Rivet	600
1789	Guillet l'aîné	500
1789	Clerget	400
	TOTAL	14,250

ANNÉES.	MESDEMOISELLES,	SOMMES.
1780	Hidoux	1000 liv.
1781	Allard	2000
1781	Martin	300
1781	Jouveau	250
1781	Heynel	2000
1781	Vil'ette	450
1784	Peslin	2000
1785	Crépeaux	600
1788	Darcy	250
	TOTAL	8,850

Récapitulation des pensions de la Danse.

Pensions des hommes	14,250 liv.
Pensions des femmes	8,850
TOTAL	23,100

PENSIONNAIRES DE L'ORCHESTRE.

Années.	Messieurs,	Sommes.
1780	Du Bois..............................	550 liv.
1781	Francœur............................	1500
1781	Lemarchand.........................	400
1781	Desplanques.........................	500
1781	Pillet...............................	400
1781	Rault...............................	1000
1782	Bornet l'aîné........................	500
1782	Despréaux..........................	1000
1782	Bayon..............................	300
1782	De Paris............................	300
1783	De Bar......... ·..................	450
1786	Siebert.............................	1000
1787	Bornet cadet........................	600
1787	Bonnay.............................	600
1787	Glanchant..........................	550
1787	Caun...............................	500
1788	Nau................................	600
1789	Michau.............................	500
1789	Benoist.............................	450
1789	Lobry..............................	450
1789	De Caix............................	300
1789	Schindeler..........................	300
1789	Bereault............................	300
	T O T A L...................	13,050

PENSIONNAIRES, OUVRIERS, OUVRIÈRES, OUVREURS ET OUVREUSES DE LOGES.

	Messieurs & Mesdemoiselles.	
1781	Chiardel............................	200 liv.
1781	Desjardins...........................	200
1782	Le Comte...........................	300
1782	Femme Lemoine.....................	200
1784	Notrelle	150
1785	Le Faure............................	300
	T O T A L...................	1,350

Suite des Pensionnaires, Ouvriers, Ouvrières, Ouvreurs
et Ouvreuses de Loges.

ANNÉES.	MESSIEURS & MESDEMOISELLES.	SOMMES.
	De l'autre part....................	1,350 liv.
1785	Femme Morisot....................	200
1786	Lorphelin........................	300
1786	Veuve Delaître....................	500
1787	Varinot..........................	200
1787	Dufraiseix.......................	300
1789	Boulin...........................	200
	TOTAL...................	3,050

RÉCAPITULATION GÉNÉRALE.

Chant.......................21,950 liv.
Danse.......................23,100
Orchestre....................13,050
Gagistes..................... 3,050

TOTAL GÉNÉRAL........61,150

TABLEAU DES PENSIONNAIRES
DE L'ACADÉMIE ROYALE DE MUSIQUE,
ET DES SUJETS CO-PARTAGEANTS,

ET SUR LESQUELS IL SE FAIT, CHAQUE ANNÉE, UNE RETENUE,

Pour servir de Réponse à la Lettre anonyme adressée aux Sujets de l'Opéra, avec cette Épigraphe : (Tu dors, Brutus, et Rome est dans les fers.)

ANNÉE	NOMS des PENSIONNAIRES.	ANNÉE.	MONTANT de la Pension.
	PENSIONNAIRES DE L'ACADÉMIE ROYALE DE MUSIQUE, Année 1789 à 1790.		
	CHANT. MESSIEURS,		
1780	Durand............		1500 liv.
1781	Legros............		400
1781	Gavaux............		400
1782	Candeille.........		700
1783	Tirot.............		1200
1783	Lainé.............		1200
1783	Legros............		300
1784	Huet..............		2000
1785	Isnardon..........		400
1786	Méza..............		400
1788	Cupoy.............		500
1788	Chéron............		600
1789	Adrien............		600
1789	Maréu.............		1000
1789	Piel..............		610
1789	Lainé.............		450
	MESDEMOISELLES,		
1780	Lebourgeois.......		1000
1781	Beaumesnil........		1500
1782	Dozon.............		400
1785	Chevalier.........		400
1788	Duplant...........		2100
1788	Desroziers........		1020
1789	Charmoy...........		1000
1789	Fanier............		600
1789	d'Hauterive.......		600
	DANSE. MESSIEURS,		
1781	Nivelon...........		900
1781	Despreaux.........		1000
1781	Malter............		1000
		TOTAL.	31,450

NOMS des PENSIONNAIRES.	ANNÉES.	MONTANT de la Pension.
Ci-contre. Suite de la *DANSE.* MESSIEURS,		21,450 liv.
Vestris...........	1781	1000
Dauberval.........	1782	3500
Dossion...........	1782	400
Théodore..........	1781	350
de la Rue.........	1783	300
Lerol 1er........	1783	300
Lerol fr..........	1783	600
Deshayes..........	1783	900
Gigoux............	1785	450
Henneguin........	1786	450
Duchemin.........	1789	450
Barré.............	1789	600
Gardel............	1759	600
Nivelon..........	1759	600
Guillet Vainé.....	1759	400
Clavget...........	1759	400
MESDEMOISELLES,		
Hilaux............	1780	1000
Allard............	1781	2000
Marin.............	1781	300
femme Lemoine....	1781	200
Nurelle...........	1781	110
Valette...........	1781	3000
Peslin............	1784	450
Crépeaux.........	1786	2200
Darcy.............	1789	250
ORCHESTRE. MESSIEURS,		
Dubois............	1780	450
Francœur..........	1781	1500
Lemarchand.......	1781	400
Deplanque.........	1781	500
Pilel.............	1781	300
Rault.............	1781	300
Bernet l'aîné.....	1782	1000
Despeaux.........	1782	300
Royon.............	1782	—
	TOTAL.	51,000

NOMS des PENSIONNAIRES.	ANNÉES.	MONTANT de la Pension.
Ci-contre. Suite de l'*ORCHESTRE.* MESSIEURS,		31,100 liv.
de Paris..........	1782	300
de Bar............	1783	450
Siéber............	1786	1000
Bornet cadet......	1787	600
Bonnay...........	1787	550
Guichard.........	1787	300
Cueru............	1788	600
Nau..............	1788	600
Michaulr.........	1789	900
Benoist..........	1789	450
Durclu...........	1789	450
Schindler........	1789	300
Berault..........	1789	900
Ouvriers, Ouvrières, Ouvreurs et Ouvreuses de Loges.		
MM.		
Ghiardel..........	1781	200
Despalins........	1782	300
Lucomte..........	1783	200
femme Lemoine....	1783	110
Lefaure..........	1785	300
femme Morinot....	1786	300
Lorpheiin........	1786	300
veuve Delaistre...	1787	200
Varinor..........	1787	200
Dufrayeux........	1788	200
Busnin...........	1788	200
	TOTAL.	61,130 liv.

Le précieu Entr... indemnisable par les nouvé..., DAUVERGNE, FRANCŒUR, DELALUZE, REY, BOCQUET, JANSEN, LAINEZ, LAYS, ROUSSEAU, CHARDINY, ROSE, MAILLARD, GAVAUDAN la jeune.

ÉTAT des retenues faites jusqu'au 1er Avril 1789, aux Sujets co-partageants, en vertu de l'Article IV de l'Arrêt du Conseil d'État du Roi, du 3 Janvier 1784, pour fournir à chaque Sujet un fonds de 15,000 livres, qui leur sera remis après quinze années expirées, si, aux termes des Règlemens, ils se trouvent alors hors d'état de continuer leur service, et dont à leur cet payé annuellement 50 livres d'intérêts par chacune desdites sommes retenues, et ainsi d'année en année progressivement, jusqu'au complément desdites 15,000 livres.

SAVOIR:

	MM. Chéron......	pour 5 années....	9000 liv.
	Lays..........	Idem......	9000
	Rousseau......		9000
	Chardiny......		3000
CHANT.	MM. Maillard......	3 années....	9000
	Chéron......	2 années....	3000
	Garreaudin cadette....	Idem......	3000
	MM. Gardel......	5 années....	9000
	Vestris......	Idem......	9000
	Nivelon......	Idem......	9000
	Favre.......	Idem......	9000
	Laurent......	4 années....	9000
DANSE.	MM. Pérignon.....	5 années....	9000
	Saulnier.....	3 années....	9000
	Rose.......	2 années....	6000
		TOTAL.	60,000 liv.

Lesdites 60,000 liv. sont dans la Caisse du Caissier de l'Opéra en effets autorisés par le Ministre, rapportant cinq pour cent d'intérêt, sans retenues, conformément à l'État arrêté par lui chaque année.

NOUS soussignés DIRECTEURS, SOUS-DIRECTEURS et MEMBRES du Comité nommé par le Roi, pour, sous les ordres du Ministre ou de son Représentant, régir et administrer les affaires de l'Académie; avons, en l'Assemblée de ce jour, composée des principaux Sujets du Chant et de la Danse, qui ont ce jour signé avec nous, certifié véritable l'État ci-dessus. A Paris ce douze Septembre mil sept cent quatre-vingt-neuf. Signés DAUVERGNE, FRANCŒUR, DELALUZE, REY, BOCQUET, JANSEN, LAINEZ, LAYS, ROUSSEAU, CHARDINY, ROSE, MAILLARD, GAVAUDAN la jeune.

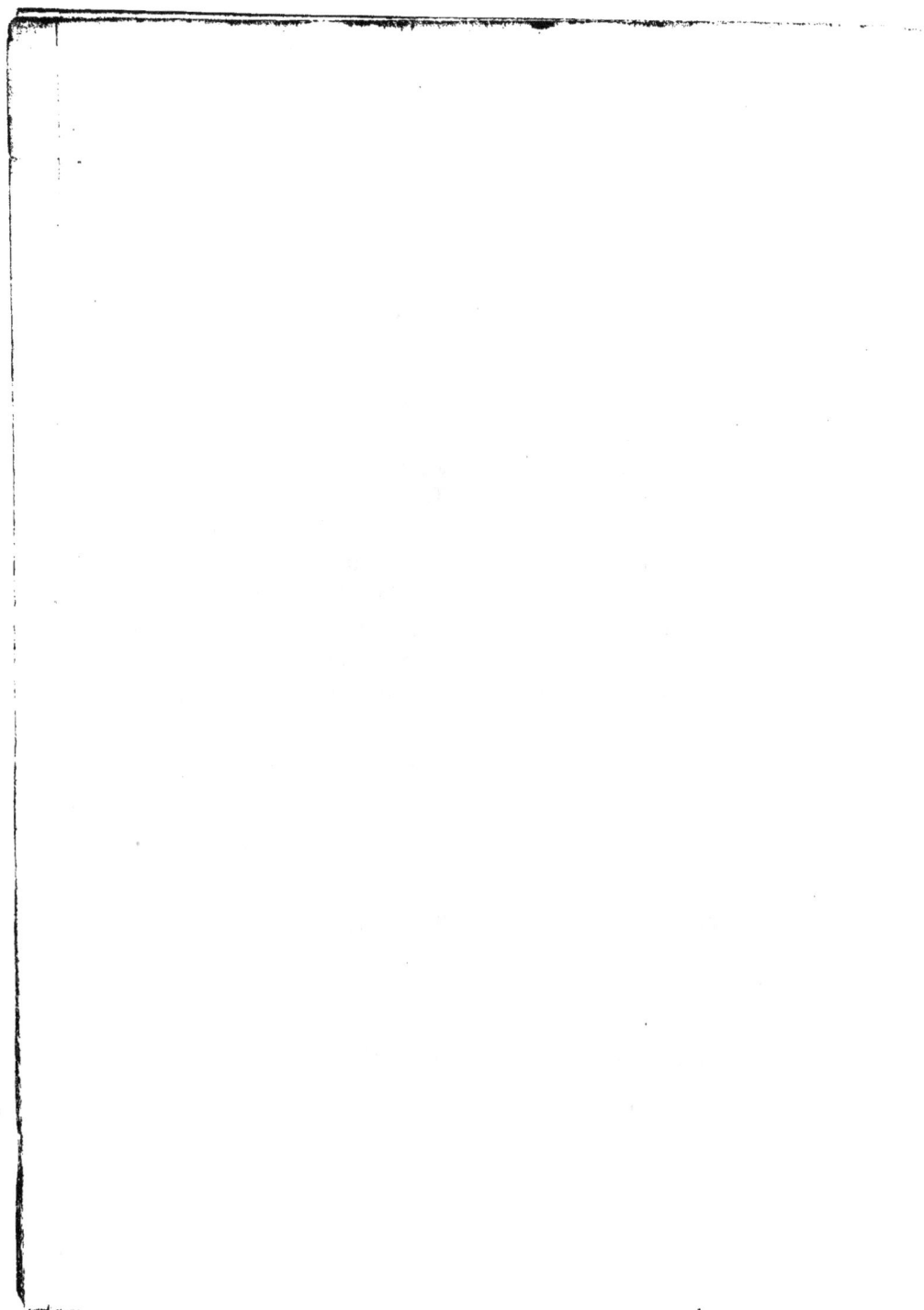

Nº VIII.

OBSERVATIONS sur l'Académie Royale de Musique, et sur les Ouvrages qui forment son Répertoire actuel.

On ne peut se dissimuler que l'ancien fonds de l'Opéra ne soit anéanti depuis que Gluk, Sacchini, Piccini et Saliéri, ont donné des Opéras, ainsi que plusieurs Auteurs françois, qui ont cherché à les imiter, dont quelques-uns ont eu des lueurs de succès. La Musique Italienne, devenue à la Mode en France, le Public n'a plus voulu en entendre d'autres; les Auteurs lyriques, pour favoriser ces nouveaux Compositeurs, ont fait des Poëmes dans le genre de Métastase, et en ont même traduit quesiques-uns de cet Auteur célèbre. L'on verra, par l'état détaillé ci-après, le petit nombre d'Opéras qui composent actuellement le Répertoire de l'Académie Royale de Musique, puisqu'il n'est plus permis d'en présenter au Public de l'ancien fonds.

LISTE DES OPÉRAS DU CHEVALIER GLUCK.

IPHIGÉNIE EN AULIDE, excellent ouvrage.

ARMIDE, *idem.*

ALCESTE, *idem.*

IPHIGÉNIE EN TAURIDE, bel Opéra, mais trop court

pour remplir la durée de ce spectacle, ce qui fait que l'on est obligé d'y ajouter un Ballet d'action.

ORPHÉE, charmant Opéra, auquel il faut ajouter un acte ou un Ballet d'action, pour lui donner la durée ordinaire du spectacle.

ECHO ET NARCISSE, Opéra un peu froid ; mais dans lequel il y a de belle musique. Cet Opéra a, comme les deux précédents, le défaut d'être trop court.

LISTE DES OPÉRAS DE M. PICCINI.

ROLAND, Opéra de l'ancien théâtre, remis en musique. Cet Opéra, dans lequel il y a de la jolie musique, ne pourroit avoir quelques représentations que dans le cas où l'on auroit un Sujet nouveau et distingué, qui pût faire valoir le rôle de Roland.

ATYS, Opéra de l'ancien théâtre, remis en musique, dans lequel il y a plusieurs morceaux de musique distingués. Cet Opéra pourroit être remis, s'il se rencontroit un Sujet en femme d'un talent supérieur, pour jouer le rôle de Cybèle.

IPHIGÉNIE EN TAURIDE, Opéra qui a eu du succès, malgré celui de Gluck.

DIDON ; ouvrage distingué par le Poëte et le Musicien.

PÉNÉLOPE ; Opéra qui a des beautés en musique.

ADELE DE PONTHIEU ; Opéra remis en musique une seconde fois, répété, et qui n'a pas présenté des changemens avantageux.

DIANE ET ENDYMION ; Opéra dans lequel il y a plusieurs beaux morceaux de musique.

LISTE DES OPÉRAS DE SACCHINI.

RENAUD ; belle musique. Cet Opéra peut être remis.

ŒDIPE ; ouvrage précieux ; mais auquel il faut ajouter un grand ballet, parce qu'il est trop court pour remplir la durée du spectacle.

ARVIRE ET EVELINA ; belle musique ; Opéra de fonds, mais inférieur à Œdipe.

CHIMENE ; Opéra de fonds, qui restera au théâtre, à cause de la musique.

DARDANUS ; Opéra de l'ancien théâtre, remis en musique ; Opéra de fonds.

LISTE DES OPÉRAS DE M. PHILIDOR.

ERNELINDE ; dans lequel il y a de belle Musique, surtout dans le premier acte, qui a beaucoup d'effets théâtrales, mais il rend les deux autres froids et languissans.

PERSÉE, poëme de l'ancien Théâtre, remis en musique, mais donné sans succès.

THÉMISTOCLE, Opéra donné à la cour et à la ville, sans succès, parce que la musique de cet Opéra a paru n'être plus du genre dominant, et même négligée à beaucoup d'égards.

Liste des Opéras de M. GOSSEC.

SABINUS, Opéra donné en 1770. Il y a plusieurs morceaux de Musique d'un grand effet, mais qui n'ont pas suffi pour en risquer une seconde mise.

Trois actes sur différens sujets, faisant un spectacle complet, mais dont on ne pourroit garantir aujourd'hui le succès.

LA FÊTE DE VILLAGE, en un acte, a eu peu de succès.

THÉSÉE; Poëme de l'ancien Théâtre, remis en musique, mais dont on ne peut risquer la reprise.

ROSINE; Opéra de genre, en 3 actes, représenté en 1786, *idem.*

Liste des Opéras de M. GRÉTRY.

CÉPHALE ET PROCRIS; Opéra, 3 actes, représenté en 1775, a eu peu de succès; mais avec des changemens dans la Musique il pourroit être remis au Théâtre.

ANDROMAQUE, Tragédie, 3 actes.

COLINETTE A LA COUR; Opéra de genre, 3 actes.

L'EMBARRAS

L'EMBARRAS DES RICHESSES; Opéra de genre, 3 actes, qui avec quelques changemens dans le poëme et dans la Musique, peut faire un ouvrage agréable.

LA CARAVANNE; Opéra de genre, 3 actes; il peut être compté parmi les Opéras de fonds.

PANURGE; Opéra de genre, 3 actes, actuellement au Théâtre. Ouvrage de fonds.

AMPHITRYON; Opéra de genre, 3 actes.

ASPASIE; Opéra de genre.

LISTE DES OPÉRAS DE M. SALIÉRI.

LES DANAIDES; Opéra, 3 actes, que l'on peut regarder comme un très-bon ouvrage.

TARARE; Opéra de genre, dans lequel il y a de très-belle Musique. Cet ouvrage a coûté prodigieusement à mettre au Théâtre.

LES HORACES; Opéra, 3 actes, représenté sans succès.

OPÉRA DE M. CHÉRUBINI.

DÉMOPHON; Opéra, 3 actes, belle Musique.

OPÉRA DE M. LE MOINE.

ÉLECTRE; Opéra 3 actes, représenté en 1782. Cet ouvrage est très-estimable pour la Musique.

L

PHEDRE ; Opéra, 3 actes, ouvrage estimé, mais qui a besoin d'être soutenu par un ballet d'action.

OPÉRA DE RAMEAU.

CASTOR ET POLLUX ; le seul Opéra resté au Théâtre de ce grand Musicien ; ouvrage que l'on pourra peut-être remettre dans certaines circonstances.

On ne parlera point des Auteurs qui ont fait des Opéras qui n'ont point eu de succès, quoiqu'il y en ait plusieurs dans lesquels il y a de beaux morceaux de Musique.

On ne parlera point non plus de plusieurs Opéras, qui, dans leur temps, ont eu de grands succès, et que le public rejetteroit actuellement ; tels que les Opéras de Mondonville et ceux de Floquet qui ont eu des succès inouis.

Il résulte de l'exposé ci-dessus, que le répertoire actuel de l'Académie est réduit au petit nombre d'ouvrages ci-après, qui sont actuellement au Théâtre, et qui sont même presque usés, parce que, depuis 1774 que le Chev^{er}. Gluck a donné ses premiers Opéras, il n'y a eu que MM. Picchini, Sacchini, Saliéri et Grétri, dont les ouvrages aient eu (si on peut le dire) des succès décidés.

Listes des Opéras qui composent maintenant le répertoire de l'Académie Royale de Musique, dont plusieurs pourroient être remis au Théâtre dans le moment, s'il arrivoit que dans le nombre des ouvrages nouveaux que l'on se propose d'entendre à l'essai, pour en former un nouveau répertoire, il s'en trouvât qui n'eussent pas de succès.

DU CHEVALIER GLUCK.

ARMIDE.

IPHIGÉNIE EN AULIDE.

IPHIGÉNIE EN TAURIDE, avec un Ballet.

ALCESTE.

ORPHÉE, avec un Ballet de Comédie ou un Ballet.

ÉCHO ET NARCISSE, avec un Ballet ou un acte.

DE M. PICCINI.

DIDON, avec un Ballet.

IPHIGÉNIE EN TAURIDE.

ROLAND.

DE SACCHINI.

ŒDIPE avec un Ballet ou un acte.

ÉVELINA.

DARDANUS.

CHIMENE.

RENAUD.

DE M. SALIÉRI.

LES DANAIDES.

TARARE.

DE M. LE MOINE.

PHÉDRE, avec un Ballet.

DE M. GRÉTRY.

ANDROMAQUE, avec des changemens.

PANURGE.

LA CARAVANNE.

COLINETTE A LA COUR.

L'EMBARRAS DES RICHESSES, lorsque les changemens seront faits par les deux Auteurs.

DE M. CHÉRUBINI.

DÉMOPHON.

Il y a quantité de mauvais poëmes que l'on présente, et qui, suivant le réglement, ne sont qu'enrégistrés, mais non reçus. On a même le soin d'en prévenir MM. les Auteurs, parce que (leur dit-on) il faut le concours de deux talens pour faire un bon Opéra ; malgré cet avertissement, plusieurs mauvais poëtes ont engagé plusieurs jeunes musiciens à travailler sur leurs poëmes, en leur affirmant que leurs ouvrages avoient été reçus et applaudis par le Comité; ce qui a produit une quantité d'Opéras considérables, faits par des jeunes gens qui, sollicités par ces poëtes, ont commencé leur carrière par où ils auroient dû la terminer; car les plus habiles musiciens ont fait de petits ouvrages avant que d'entreprendre de faire un Opéra, qui est le plus grand ouvrage en musique. Ces jeunes gens ignoroient qu'avant d'entreprendre un ouvrage aussi considérable, il faut avoir fréquenté ce spectacle, et en avoir étudié suffisamment les effets; ce qui ne s'acquiert que par une fréquentation suivie.

Le résultat des observations ci-dessus, est que l'on choisira dans les 24 ou 25 Opéras faits, ceux des Poëtes et des Musiciens avoués du public, pour être entendus en répétitions d'essais, et pour en former un nouveau répertoire.

On estime que, parmi ce nombre, il faut préférer d'entendre.

NEPHTÉ; paroles de M. Hoffmann, musique de M. le Moine.

CLYTEMNESTRE; paroles de M. Pitra, musique de M. Piccini.

CORA et ALONSO; poëme de M. Valadier, qui a remporté un prix au concours de l'Académie, musique de M. Mehu.

ANTIGONE; paroles de M. Marmontel, musique de M. Zingarelli.

ALCIDONIS; Opéra de genre, paroles de M. Boquet, fils, musique de M. Lépidor, lorsque les corrections seront faites.

TAMERLAN, musique de M. Ricciardet.

TALESTRIS; paroles de M. le Bœuf, musique de M. Toméoni.

UN OPÉRA de M. Creutzer, paroles de M. le Bœuf.

DÉMOPHON; paroles de M. Deriaux, musique de Fere Vogel.

Après l'on pourra entendre à l'essai, ceux des autres ouvrages présentés au Comité, qui paroîtront dans le cas de pouvoir en faire des répétitions en particulier, ne fût-ce que pour l'encouragement des Auteurs.

OBSERVATIONS au sujet de l'Ecole Royale de Chant, de Composition, de Déclamation, de Danse, d'Histoire et de Mythologie, relatives à l'art Dramatique (*).

Le Roi desirant contribuer, le plus efficacement possible, au soutien de l'Académie Royale de Musique, et donner à ce Spectacle, unique en Europe, et si intéressant pour le public, tout le degré de perfection dont il peut être susceptible; Sa Majesté, persuadée que ses finances seroient plus que dédommagées, par le concours des étrangers dans la Capitale, des avances qu'elle pourroit faire pour le soutien de l'Opéra, elle a établi en conséquence, par Arrêt de son Conseil d'Etat, du 3 janvier 1784, une Ecole de Chant, de Composition, de Déclamation, de Danse, d'Histoire et de Mythologie, relatives à l'art Dramatique; l'intention du Roi étant en même temps que ladite Ecole pût être utile pour former des Musiciens pour le service de sa Chambre et Chapelle, ainsi que des Sujets propres au théâtre Italien.

On ne peut se dissimuler que cette Ecole n'ait été en effet d'une grande utilité à l'Académie Royale de Musique,

(1) L'école de Chant, de Danse et de Déclamation étant, comme on l'a vu, une dépendance essentielle de l'Opéra, il a paru nécessaire d'ajouter, par appendice, les observations suivantes.

quoique n'étant pas absolument en faveur auprès de la plupart des Sujets de cette Académie ; et , malgré tous es moyens qu'ils ont tentés pour mettre en discrédit cette école , et causer sa chûte , soit en déprimant injustement les talens de ses Maîtres et ceux de leurs éleves , soit en se liguant tous pour décourager ces jeunes sujets leurs rivaux , et par un esprit d'anarchie et de cabale , les repousser de la scène. Cette injustice est d'autant plus criante , que ces mêmes Sujets de l'Opéra se rappellent sans doute qu'ils ont été jeunes , qu'ils ont été médiocres avant d'être bons , et que dans ce temps ils étoient heureux d'être accueillis par leurs camarades , d'être même soufferts ou quelquefois encouragés par le public , et de recevoir des conseils des Maîtres qui vouloient bien leur en donner. Enfin , si maintefois , pour ne point fermer la porte , l'Opéra s'est trouvé dans la nécessité d'arracher à l'Ecole des Sujets à peine ébauchés , ou plutôt des enfans pour ainsi dire sortant du berceau , si , par cette raison , cette Ecole n'a pu remplir complétement ce qu'on en attendoit , c'est-à-dire offrir des talens faits , est-on fondé pour cela d'avancer qu'elle n'a point été utile , qu'elle n'a point rendu compte des services essentiels , qu'enfin elle a été nulle pour l'Opéra ? Cela se dit cependant chez les Sujets de l'Académie. Mais ces assertions sont tellement absurdes et destituées de fondement , que , par une nécessité absolue , la scène de l'Opéra n'a été souvent remplie que par des Sujets de l'Ecole ; que chaque jour on en voit sur le théâtre deux , trois et quatre. A qui , ces jours-là , l'Académie doit-elle l'ouverture de son spectacle ? Le public , plus juste , en rendra

témoignage

témoignage , et il a toujours encouragé ces jeunes Sujets, en les honorant d'un accueil favorable.

L'École Royale de Chant , depuis son établissement , a fourni onze sujets , Mademoiselle Dozon , aujourd'hui Madame Cheron , Mesdemoiselles Mulot , de Lillette , la Tour et Méhon , MM. Dessaules , Adrien , le Fevre , le Brun , Renaud & Dufresne. Deux autres sujets , Mesdemoiselles Rosine et Gasser , sont sur le point de paroître. Que veut-on de plus ? quatre jeunes Princesses , une Reine, bonne aussi pour les rôles à baguette ; trois basse-tailles , deux haute-contres , un tenor chantant aussi les rôles de haute-contre. N'est-ce pas là une régénération complette ? Que l'on juge maintenant , sans ce secours , où en seroit l'Opéra avec des sujets , dont les uns ont quinze et seize ans de service , les autres dix , douze et quinze ans , avec des Doubles non moins avancés dans le terme de leur service. Il n'est pas jusqu'aux cantatrices de petits airs , confidentes cantatrices dans les gloires , qui ne soient aux trois quarts de leur carrière.

Tout le regret des professeurs de l'École , c'est d'avoir vu sans cesse leurs élèves ballotés , repoussés par les sujets de l'Opéra ; c'est de s'être vus forcés de céder des sujets dont l'éducation n'étoit point faite. C'est cependant ce qui parloit en faveur de l'utilité de l'École , en prouvant les besoins urgens de l'Opéra ; la vanité et la gloire entrent toujours pour beaucoup dans le travail des artistes , ainsi il est naturel qu'ils aiment à perfectionner leurs ouvrages ; leur réputation même l'exige.

Cette Ecole à l'avenir , et peut-être plus tôt qu'on ne

M

pense, doit cependant devenir plus utile que jamais. Les premiers sujets actuels de l'Opéra courent à grands pas vers le terme de leur carrière ; il faudra les remplacer.

Les Acteurs, dans chaque genre, doivent être au moins triplés. Il en est même qu'il faut quintupler ; telles sont les basse-tailles, et ce qu'il y a d'étonnant, c'est que souvent, avec ce nombre, l'Opéra est encore menacé de fermer. D'un autre côté, si, comme tous les priviléges, ceux de l'Opéra sont abolis, d'où tirera-t-on des Acteurs ? Pourra-t-on, comme par le passé, envoyer des ordres supérieurs à ceux des Spectacles de province ? ou, sur une simple demande, croit-on qu'ils se rendront à Paris, sachant que leur sort y seroit beaucoup moindre que celui qu'ils ont en province ? D'ailleurs, quel fruit a-t-on recueilli de la plupart de ces sujets, à qui l'on a fait perdre leur état en province, de ces sujets appellés à grands frais et sous des conditions onéreuses ? Arrivés, ils débutent et ils tombent, (*) on les renvoie. Leur chûte à Paris les met en discrédit dans la province ; ils n'y retrouvent plus le même sort, ils sont marchandés et deviennent malheureux ; ou si par humanité on les garde à Paris, on les met dans les rôles accessoires, avec un traitement qui est modique

---

(*) Il faut certainement excepter de cette classe la dernière débutante, mademoiselle Rousselois. Cette Actrice joint à la plus belle voix une intelligence qui ne peut être égalée que par la sensibilité touchante qu'elle met dans l'expression de ses rôles. Mais des Sujets aussi distingués sont très-rares, et l'Académie doit employer tous les moyens possibles pour se les attacher.

pour eux, en comparaison de celui qu'ils avoient en province, mais toujours trop fort pour l'Académie, en raison du petit emploi qu'elle leur donne. C'est ainsi que l'Opéra se trouve grèvé d'une multitude de sujets superflus. Des sujets des chœurs, un peu plus distingués que les autres, devroient remplir ces sortes des rôles ; c'est-à-dire que tous les sujets employés dans les rôles accessoires, devroient chanter dans les chœurs, sans qu'aucune considération en empêchât, mais avec un traitement en conséquence, tel que cela se pratique à la Comédie Italienne.

Enfin, le meilleur Acteur de province, le plus souvent est très-médiocre à l'Opéra de Paris ; la raison en est simple : habitué au chant léger, sautillant et exempt de méthode, au jeu simple, naïf et burlesque de l'Opéra-Comique, et à porter au Théâtre l'habit de ville ou de village, il ne peut chanter le genre large et méthodique, ni jouer le haut tragique du grand Opéra. Il faut être instruit dans les principes de la grande scène, tant pour le chant que pour le jeu, si l'on veut y réussir. Ce n'est donc qu'une école qui peut parer à tous ces inconvéniens, et fournir à l'Opéra des sujets exercés dans ce genre.

L'entretien et les progrès de l'art, tant du côté du chant que de la composition, semblent d'ailleurs exiger cet établissement dans la première capitale de l'Europe. Si l'on n'avoit craint d'être trop long, on auroit donné ici quelques détails sur cette matière avec des preuves de la nécessité d'un conservatoire ou Ecole de Musique à Paris.

On peut étendre plus loin l'utilité de cette Ecole pour le Théâtre Italien, le Théâtre François et la Musique du

Roi, ainsi que pour tous les Spectacles de province. Sur ces derniers l'on conserveroit, par ce moyen, le droit de tirer des Acteurs, s'il s'en trouvoit qui pussent convenir à l'Opéra. On feroit en conséquence des arrangemens avec eux en leur envoyant des sujets.

F I N.

www.ingramcontent.com/pod-product-compliance
Lightning Source LLC
Chambersburg PA
CBHW070126100426
42744CB00009B/1752